大阪幻想作品集

OSAKA GENSO ART WORKS

東京幻想 著

芸術新聞社

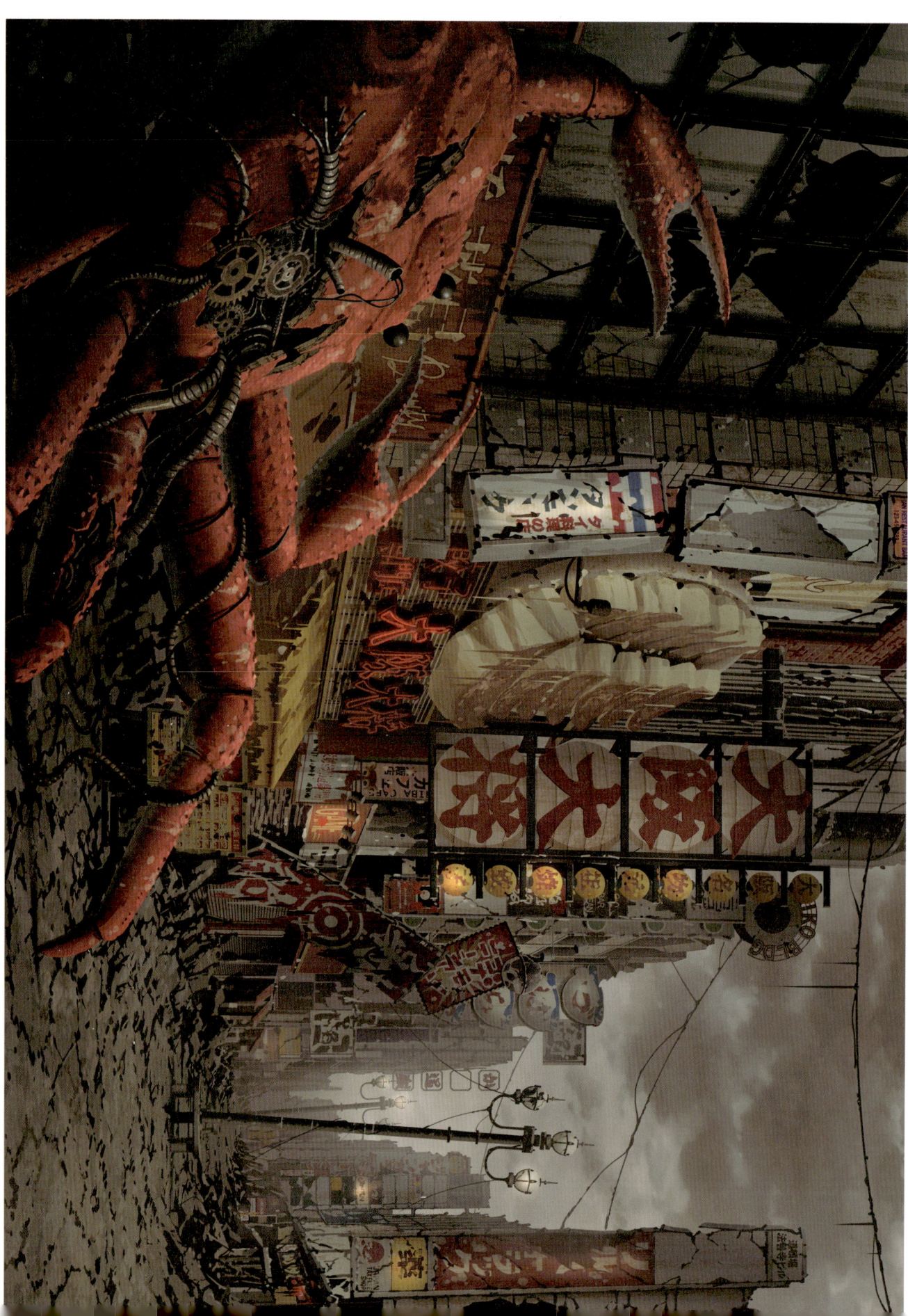

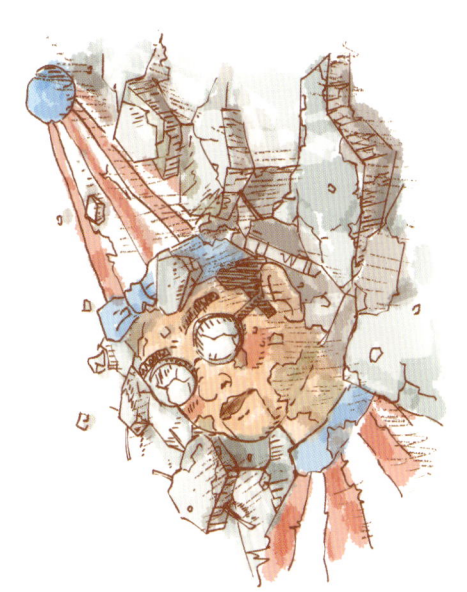

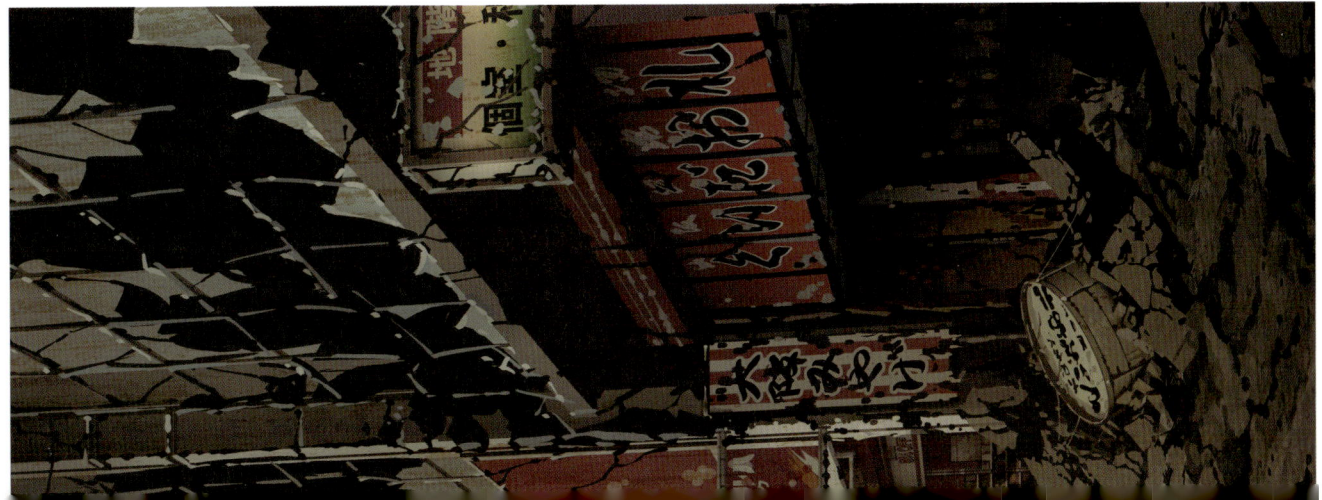

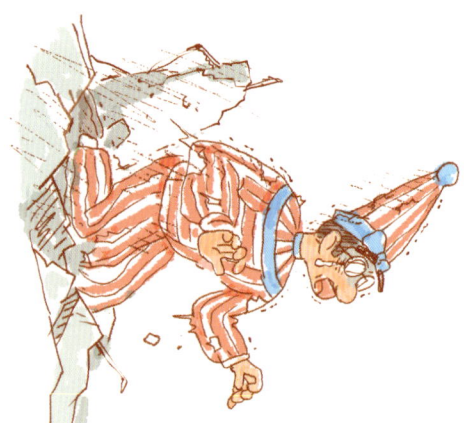

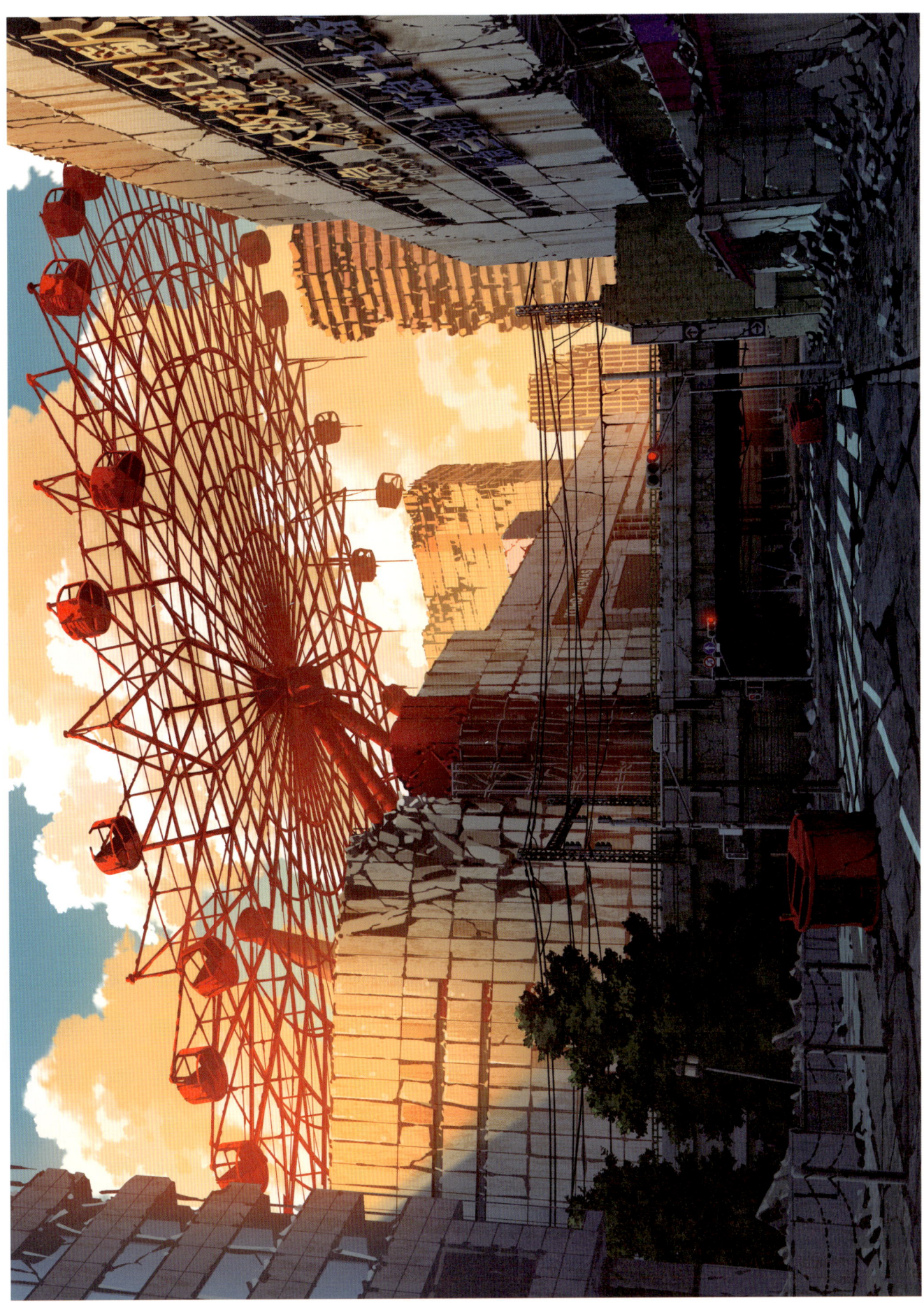

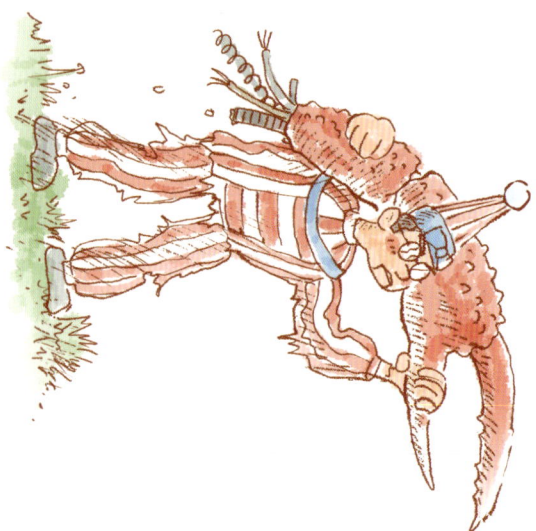

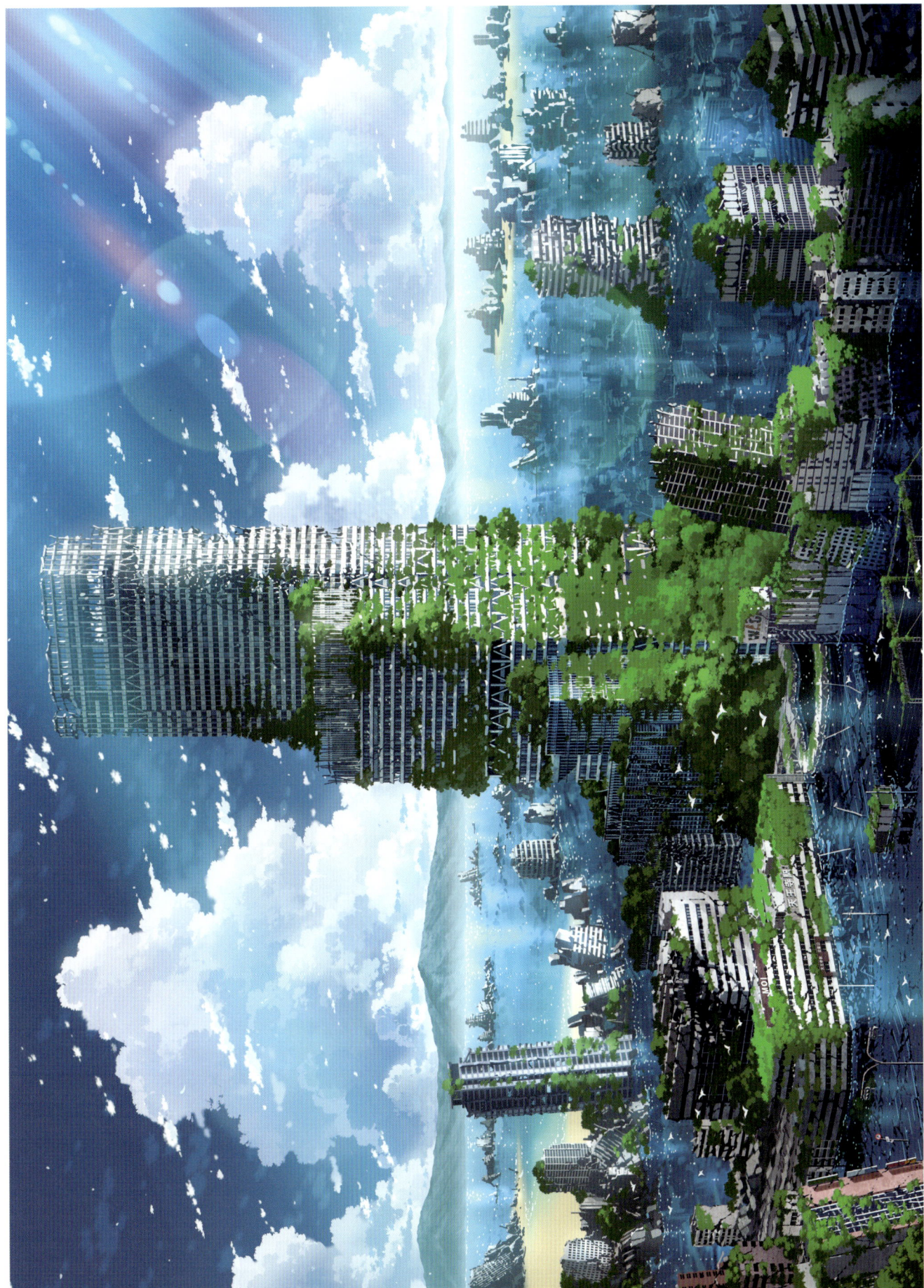

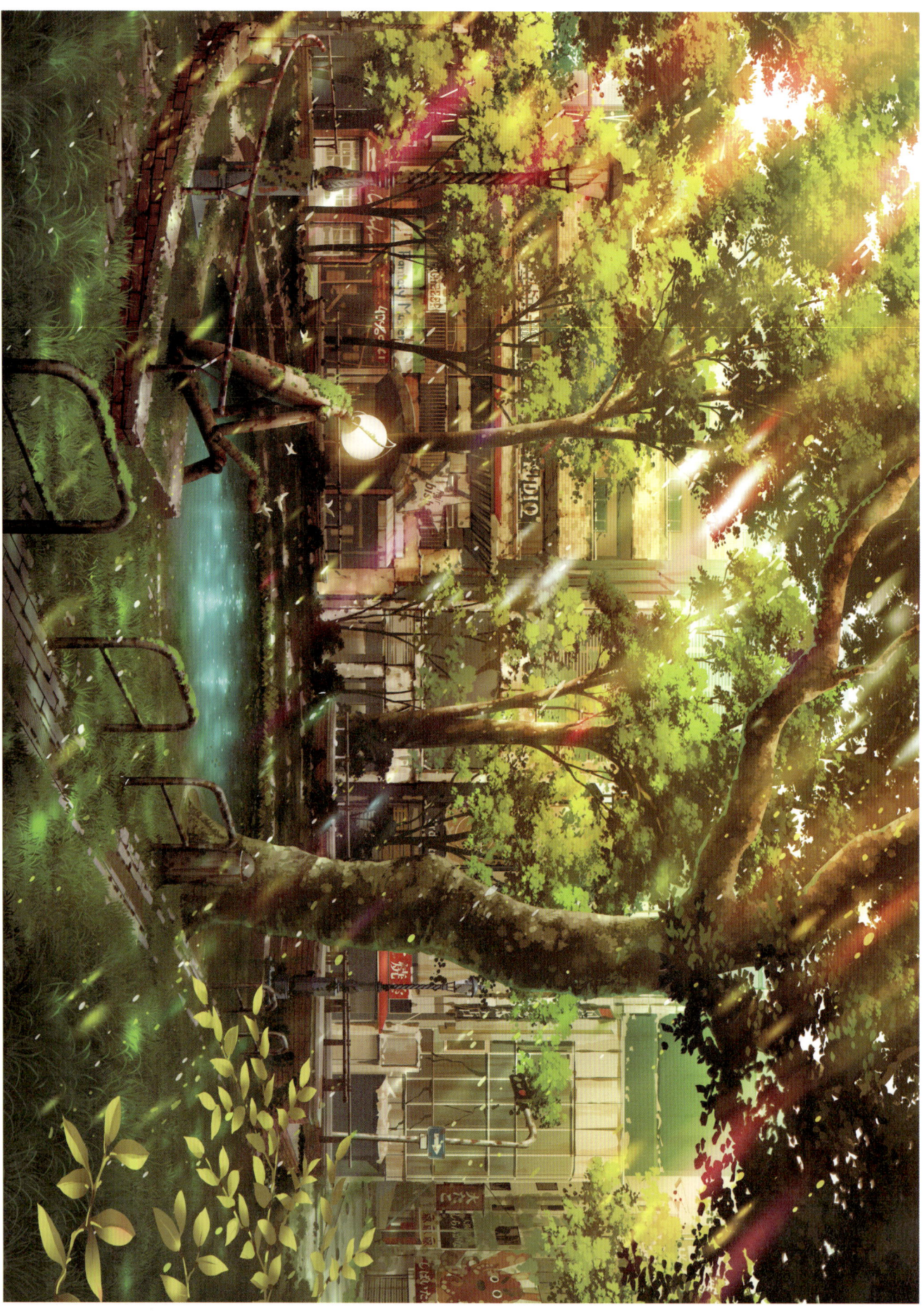

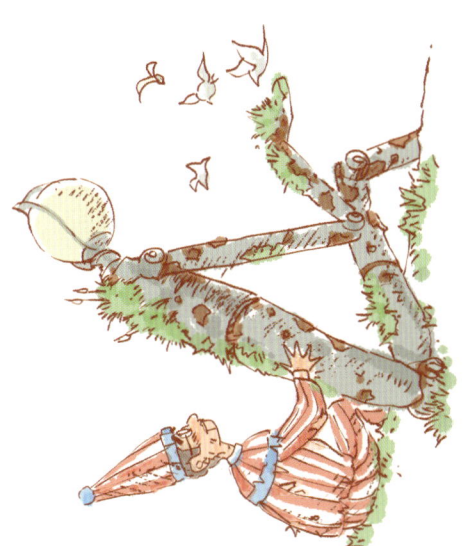

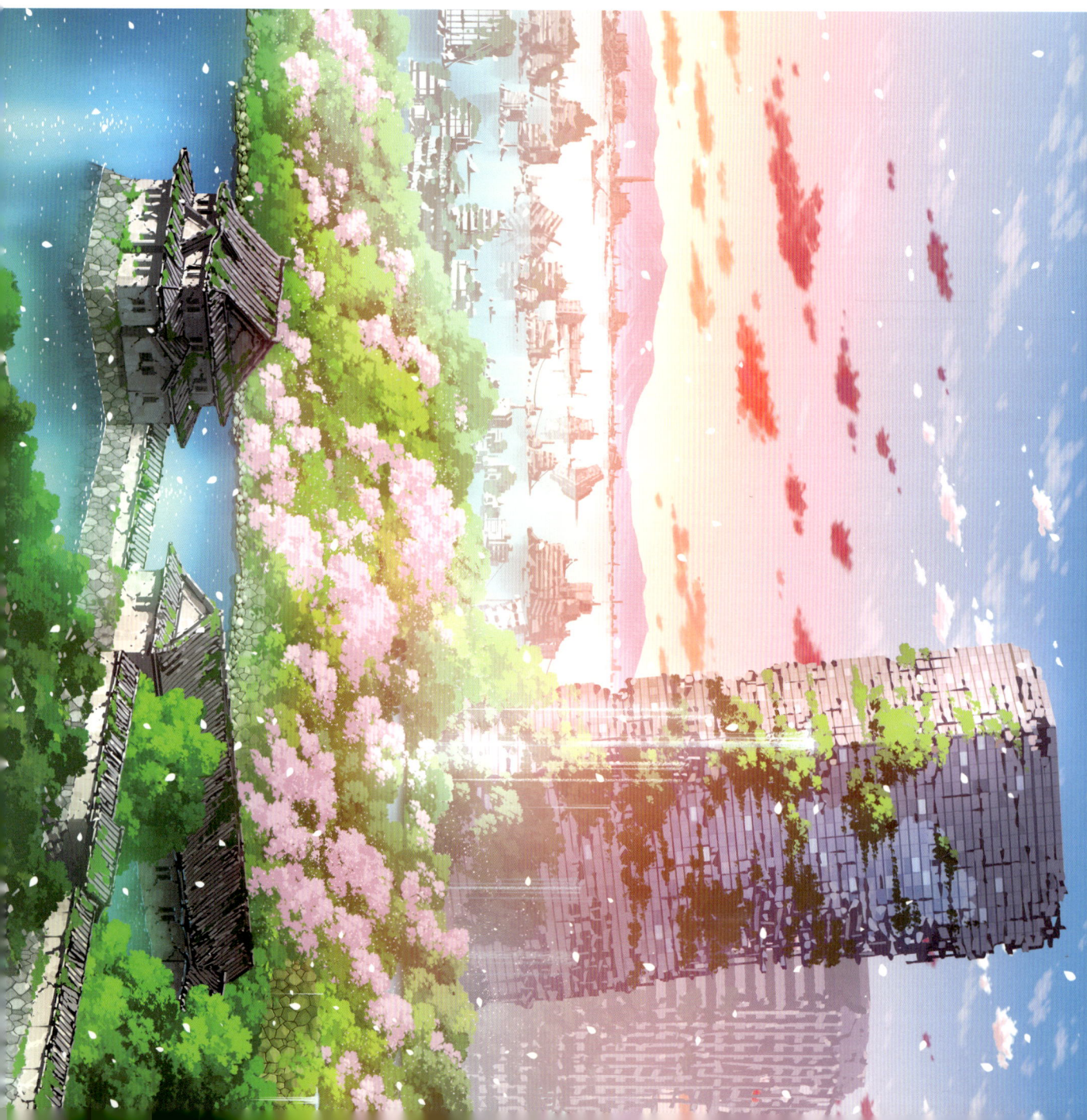

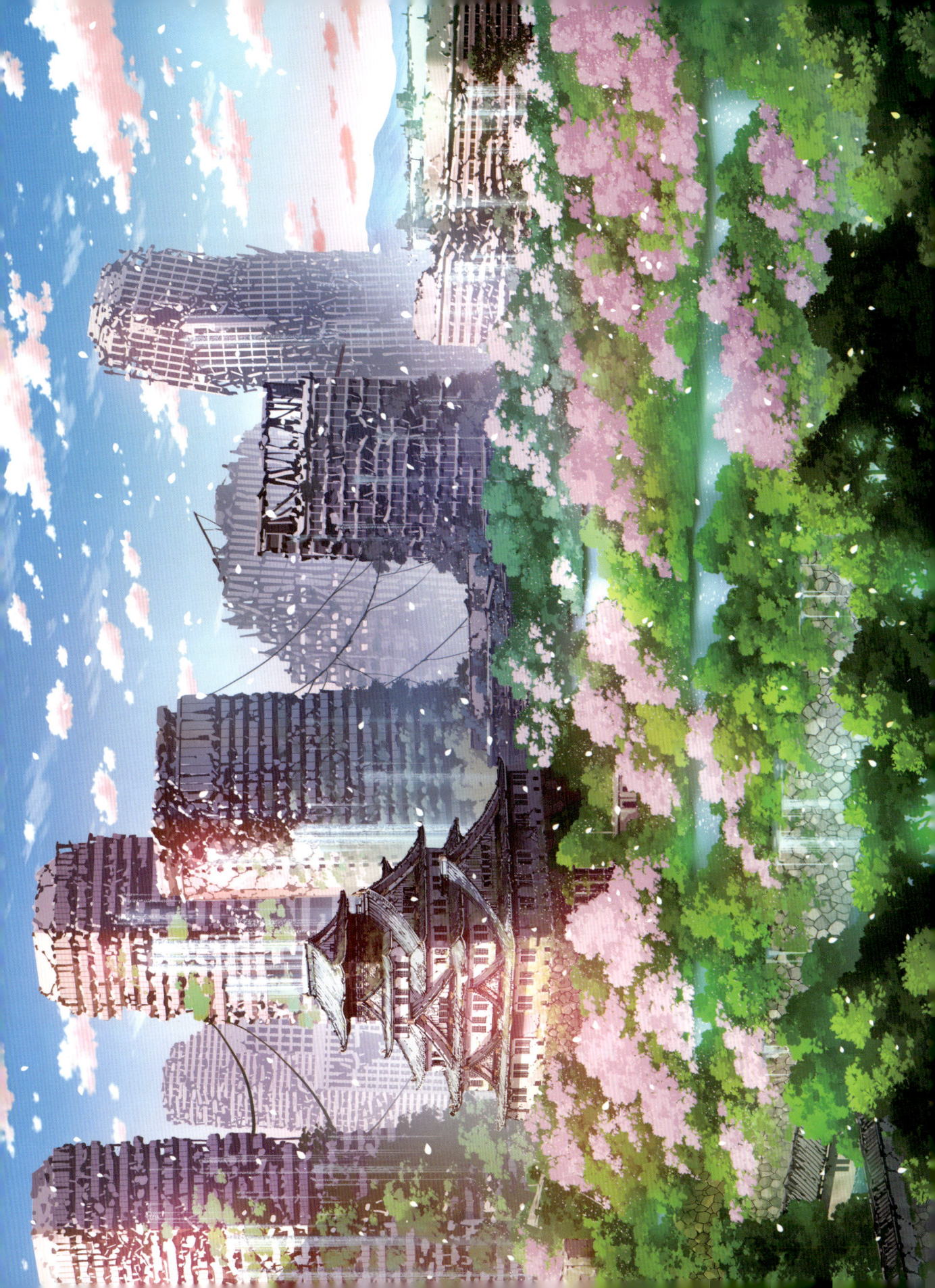

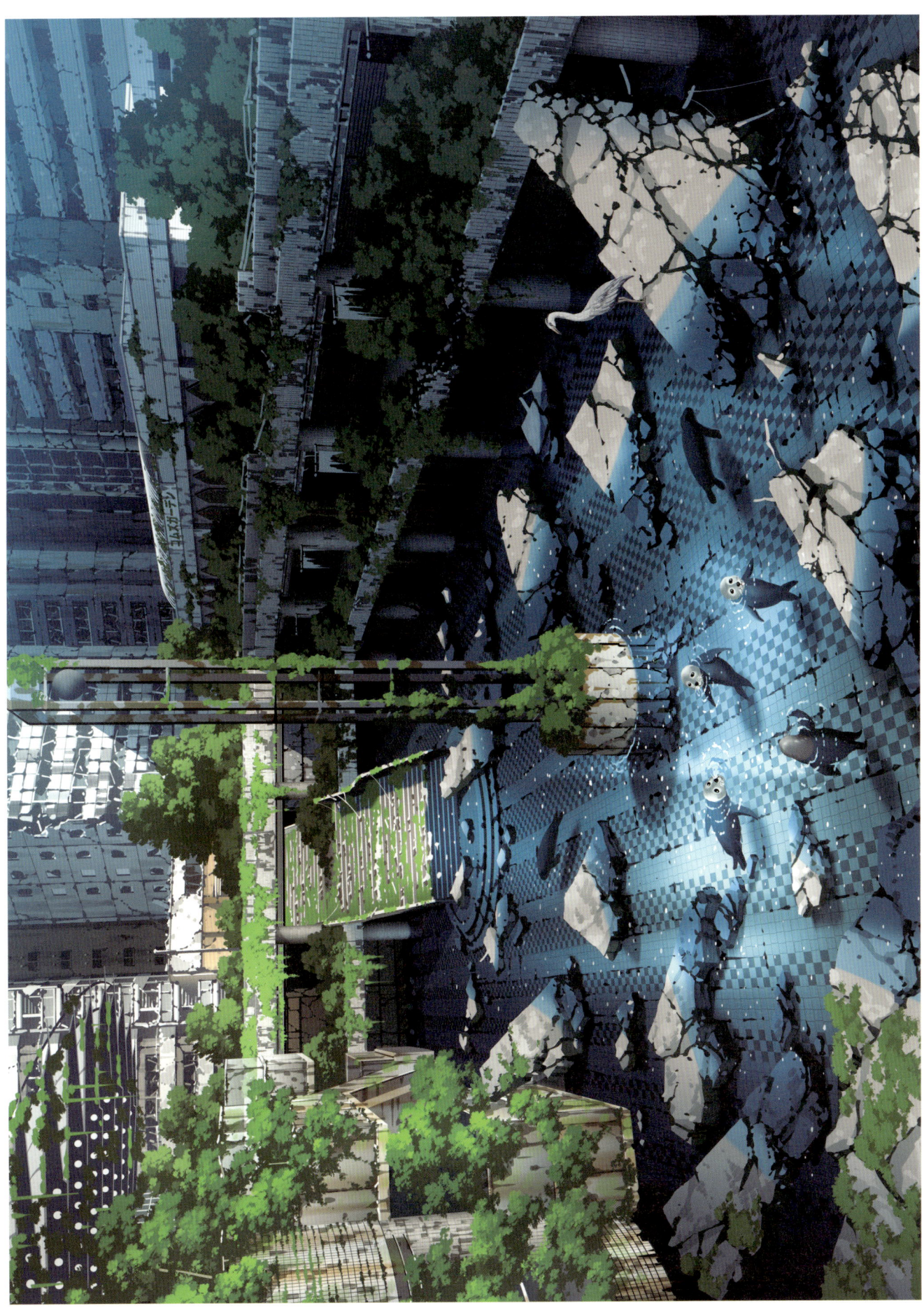

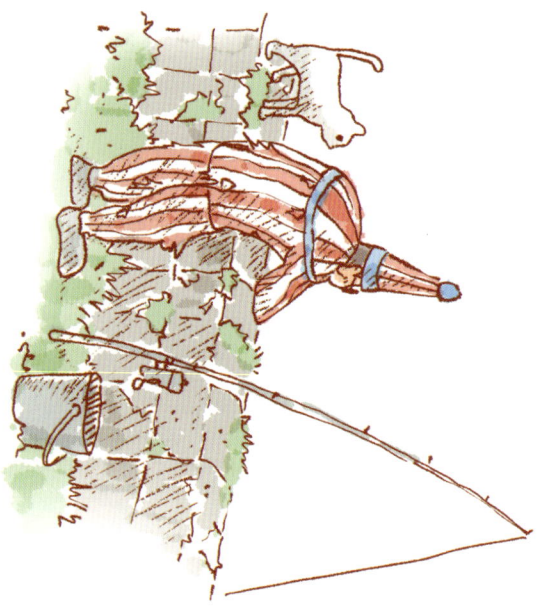

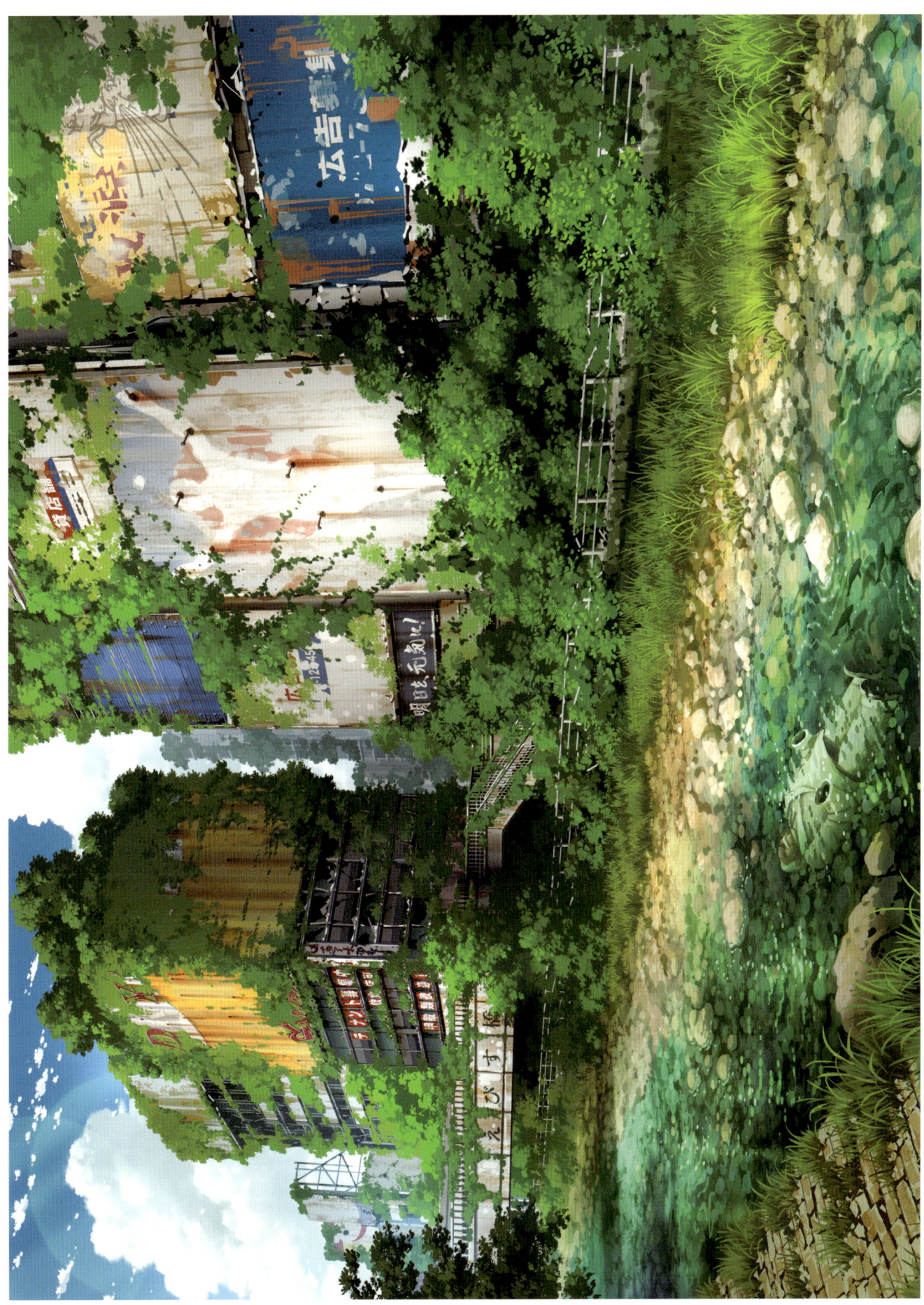

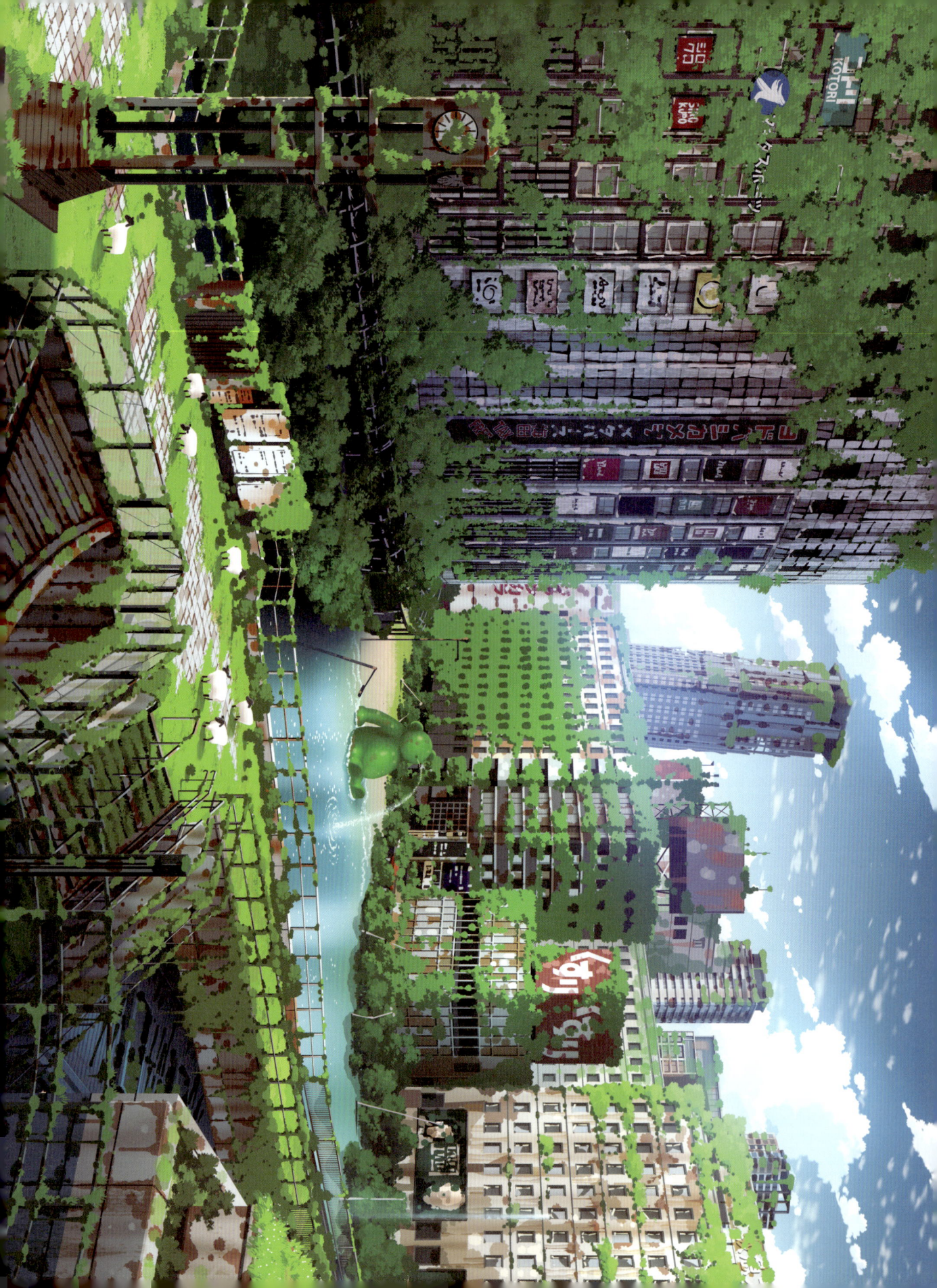

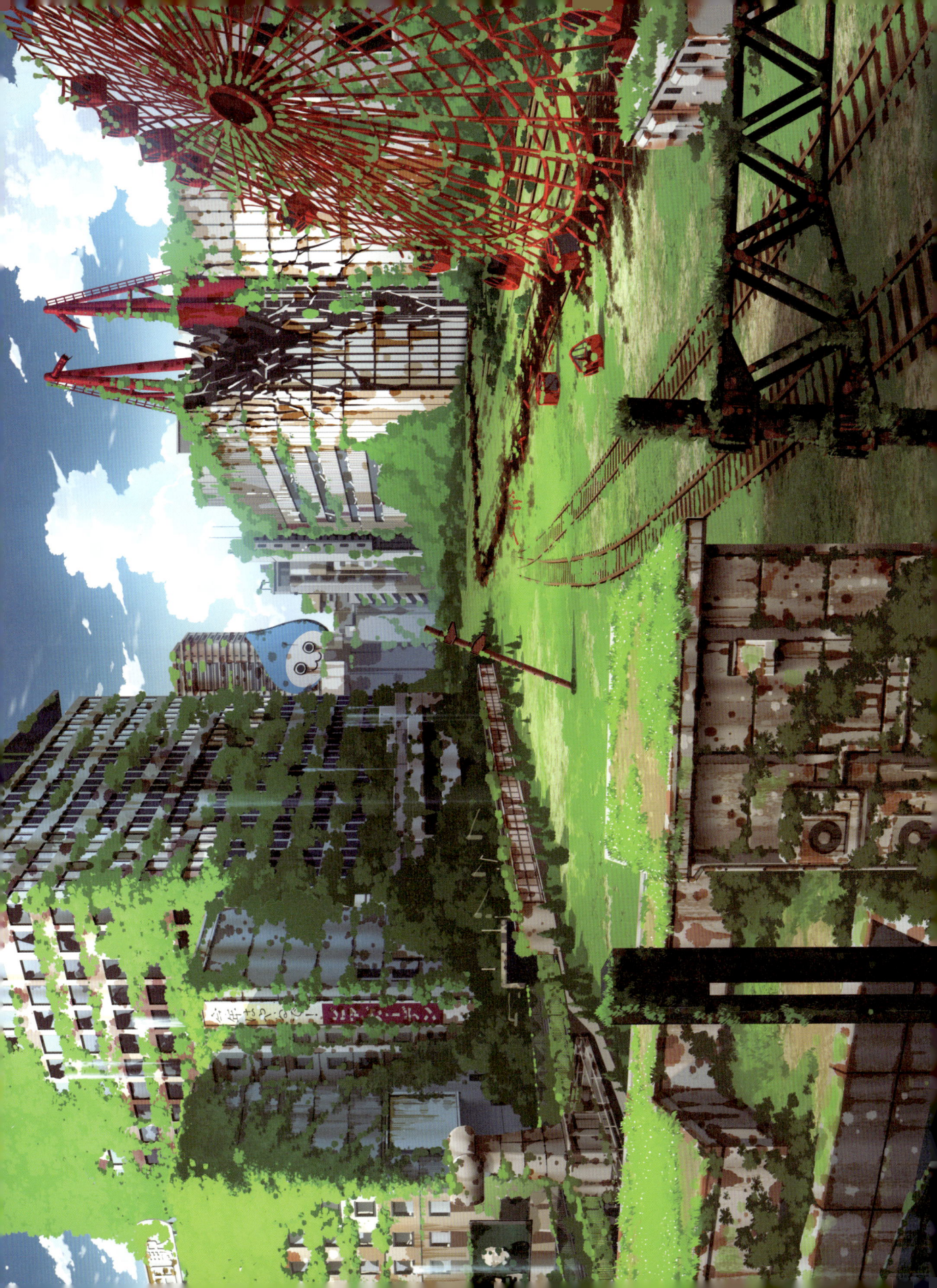

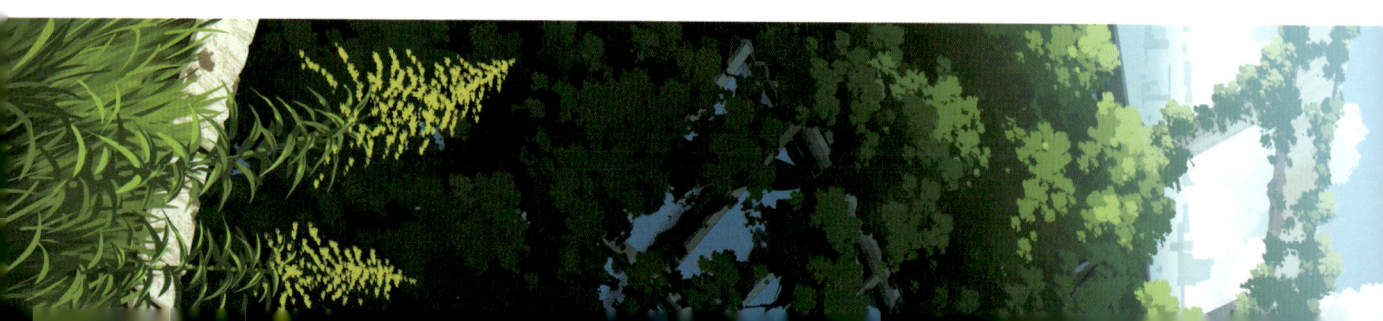

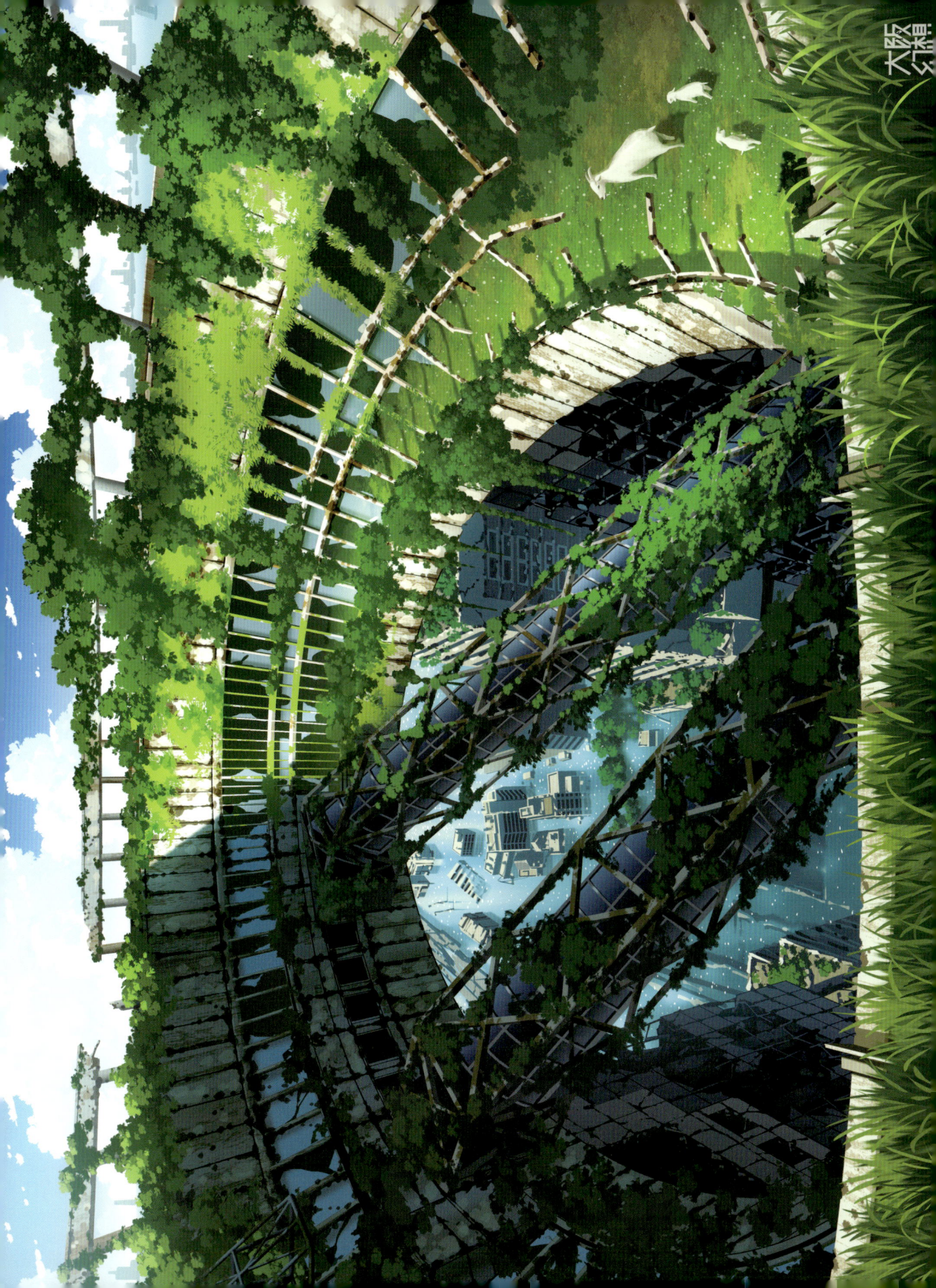

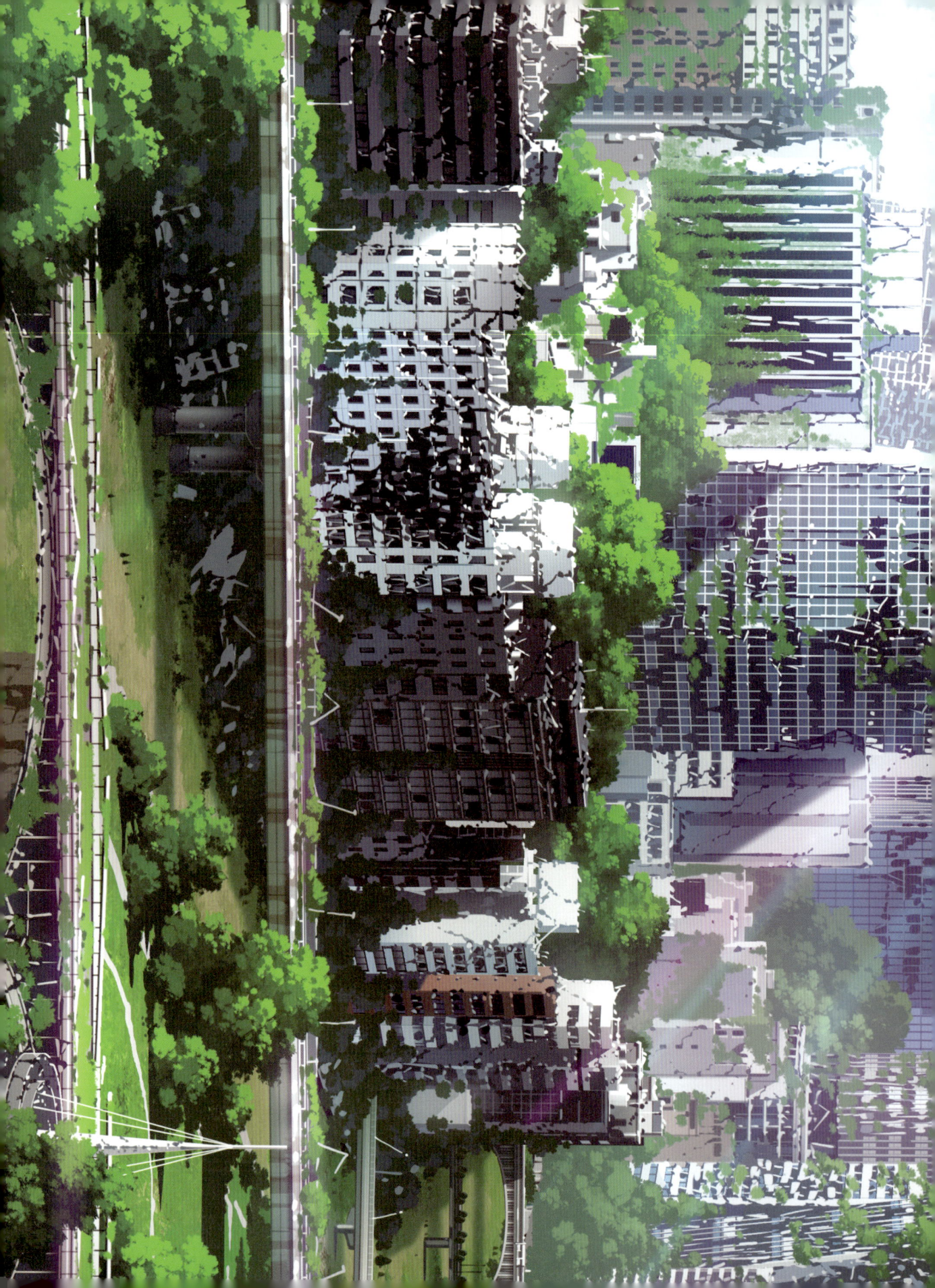

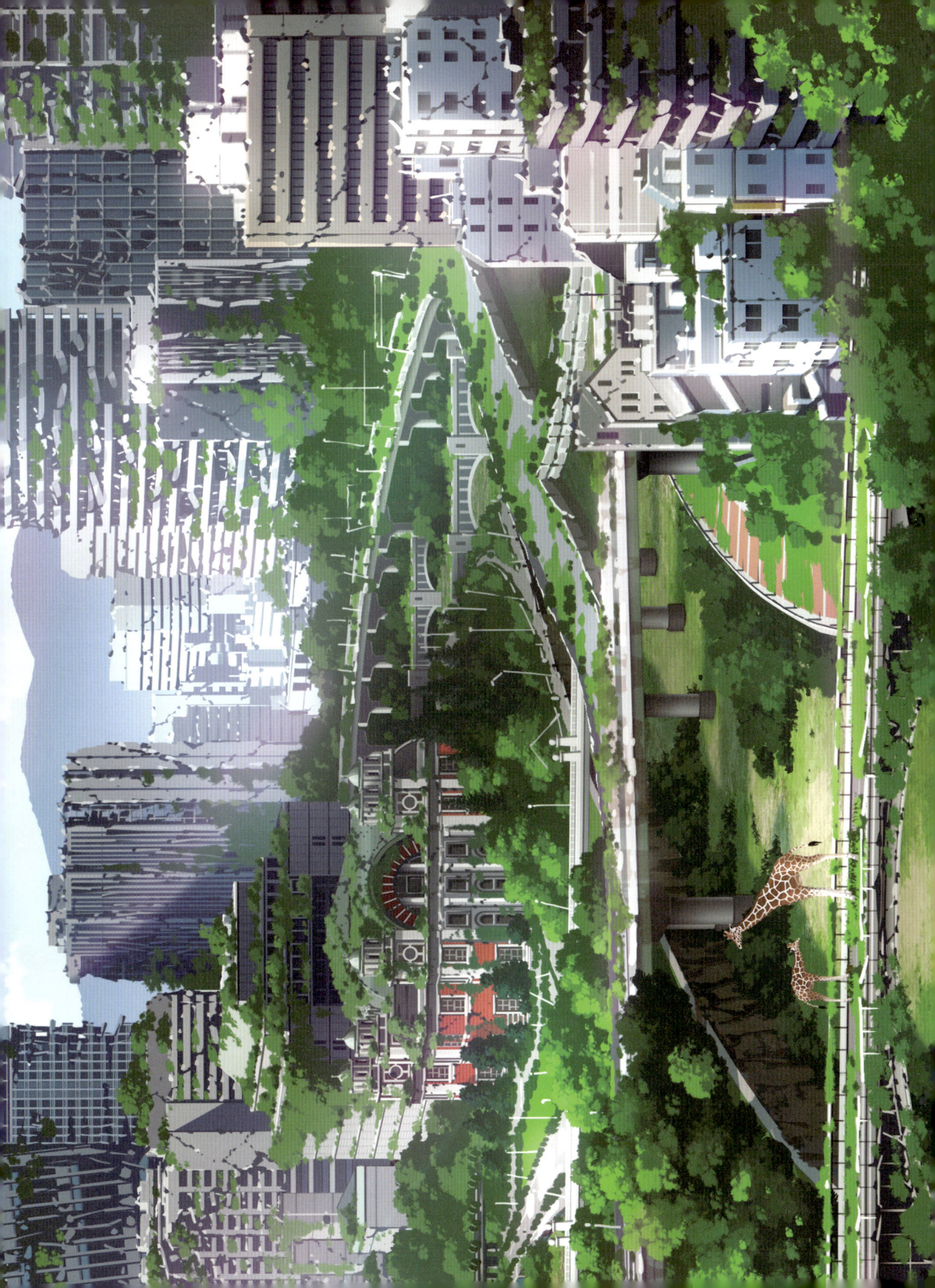

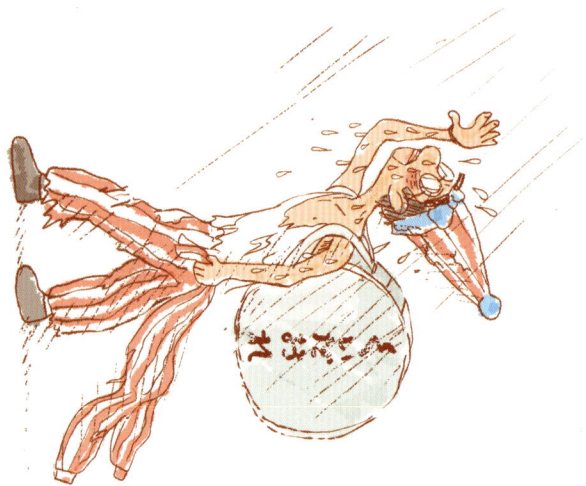

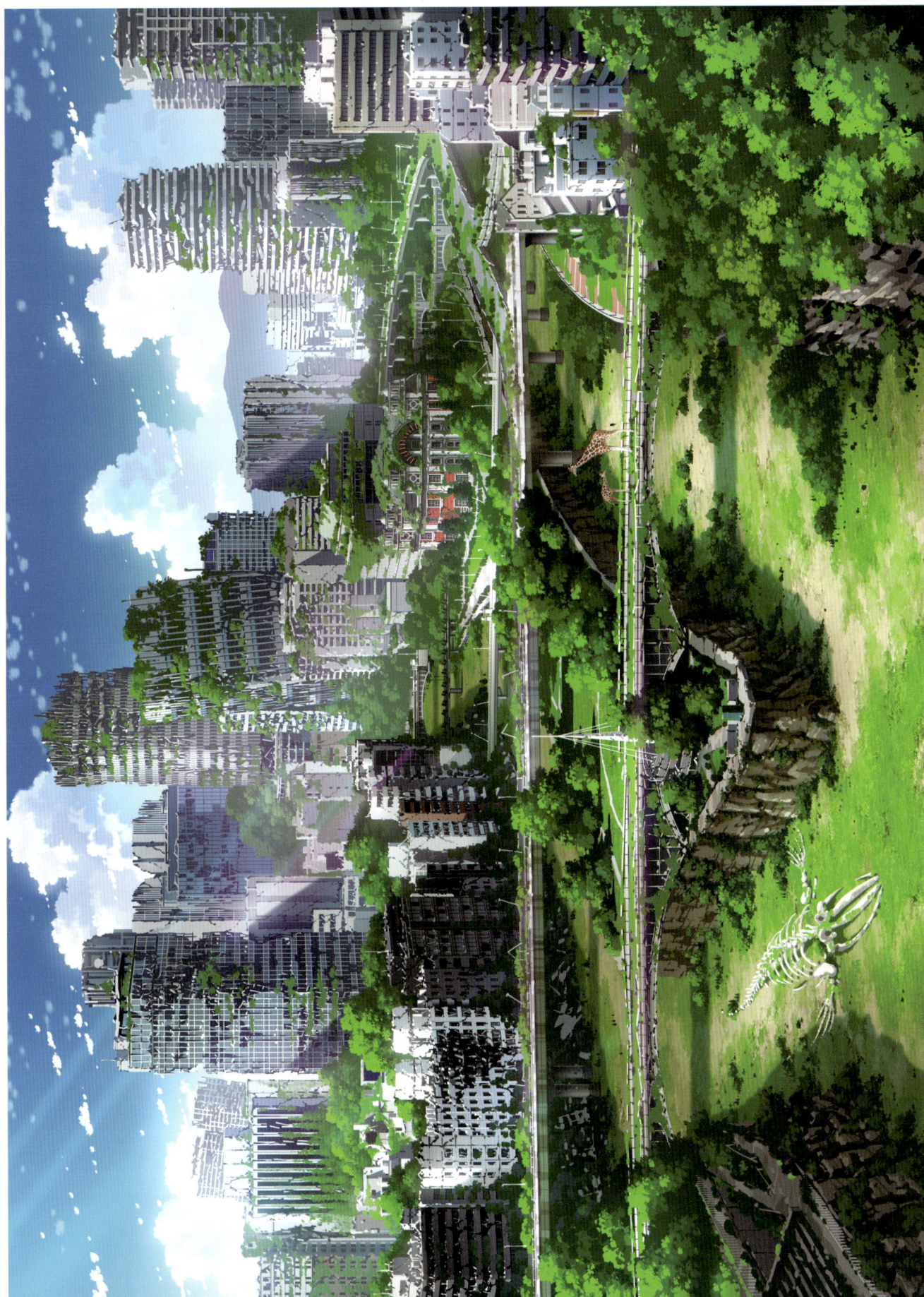

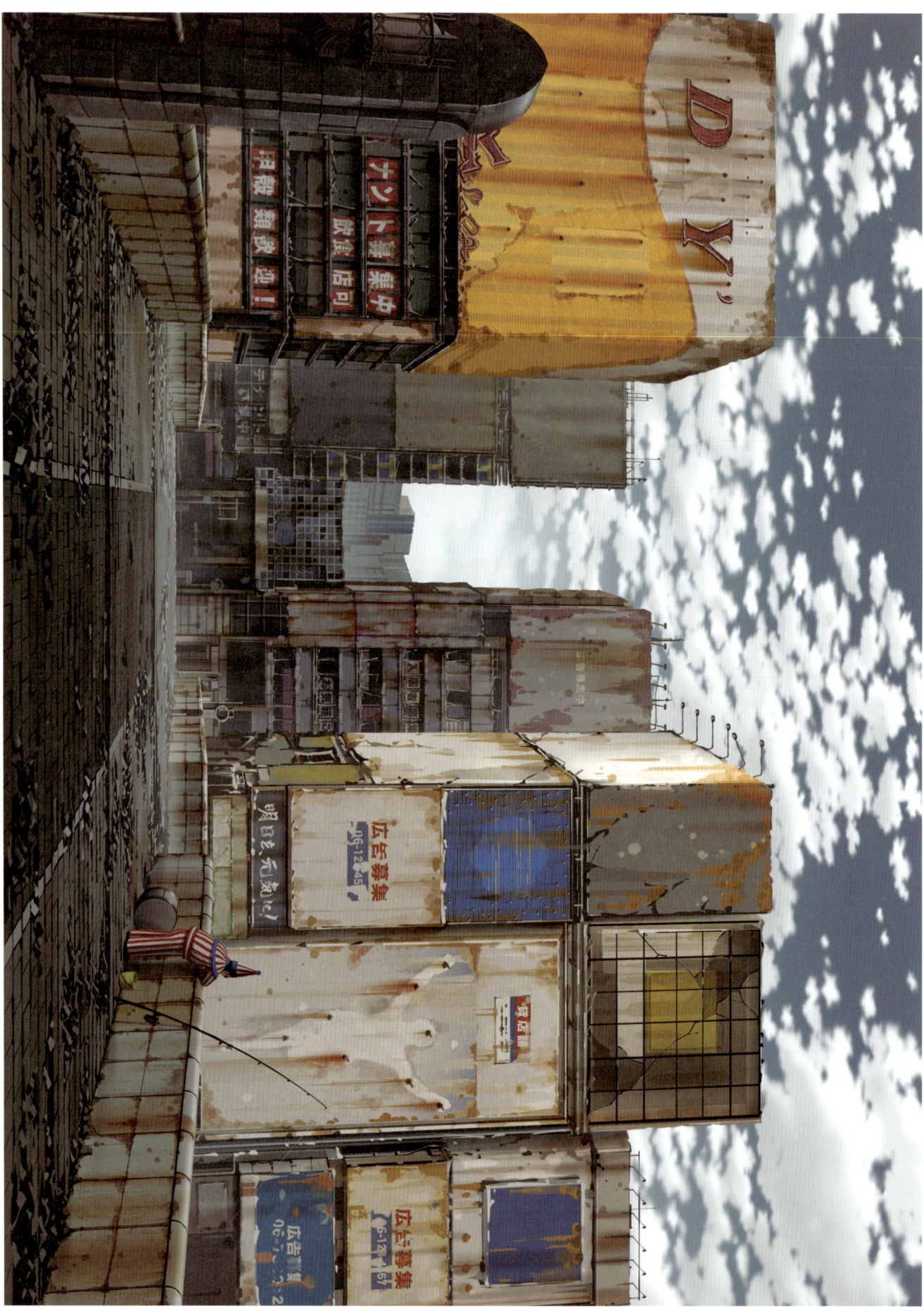

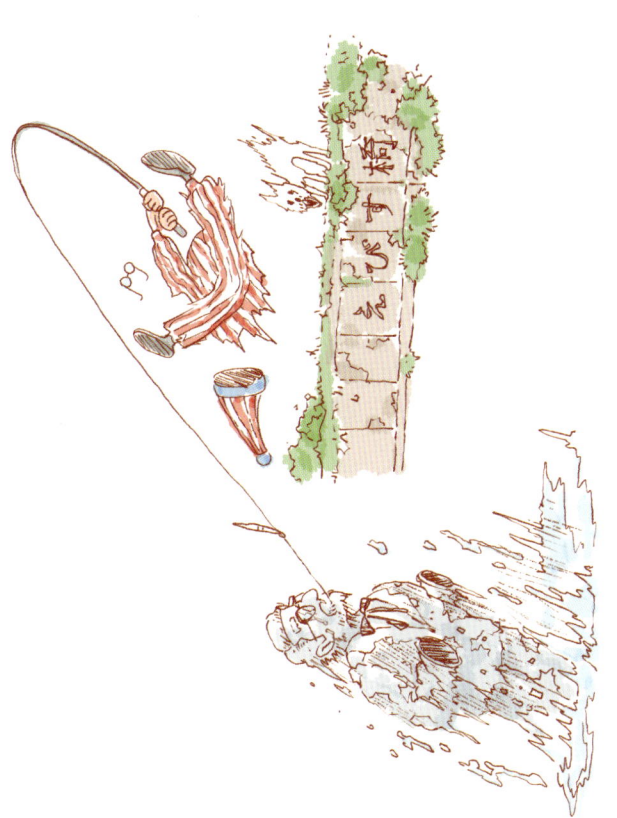

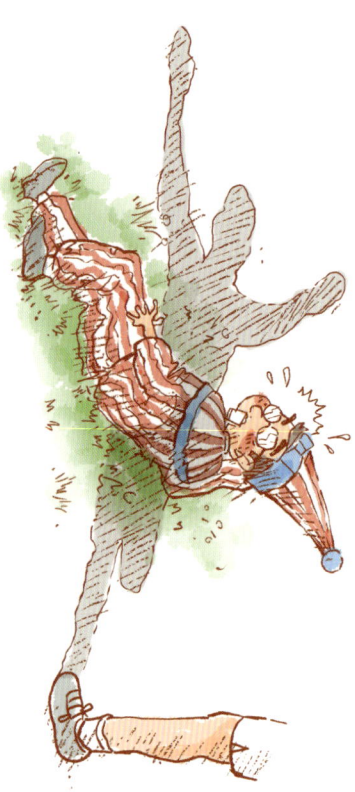

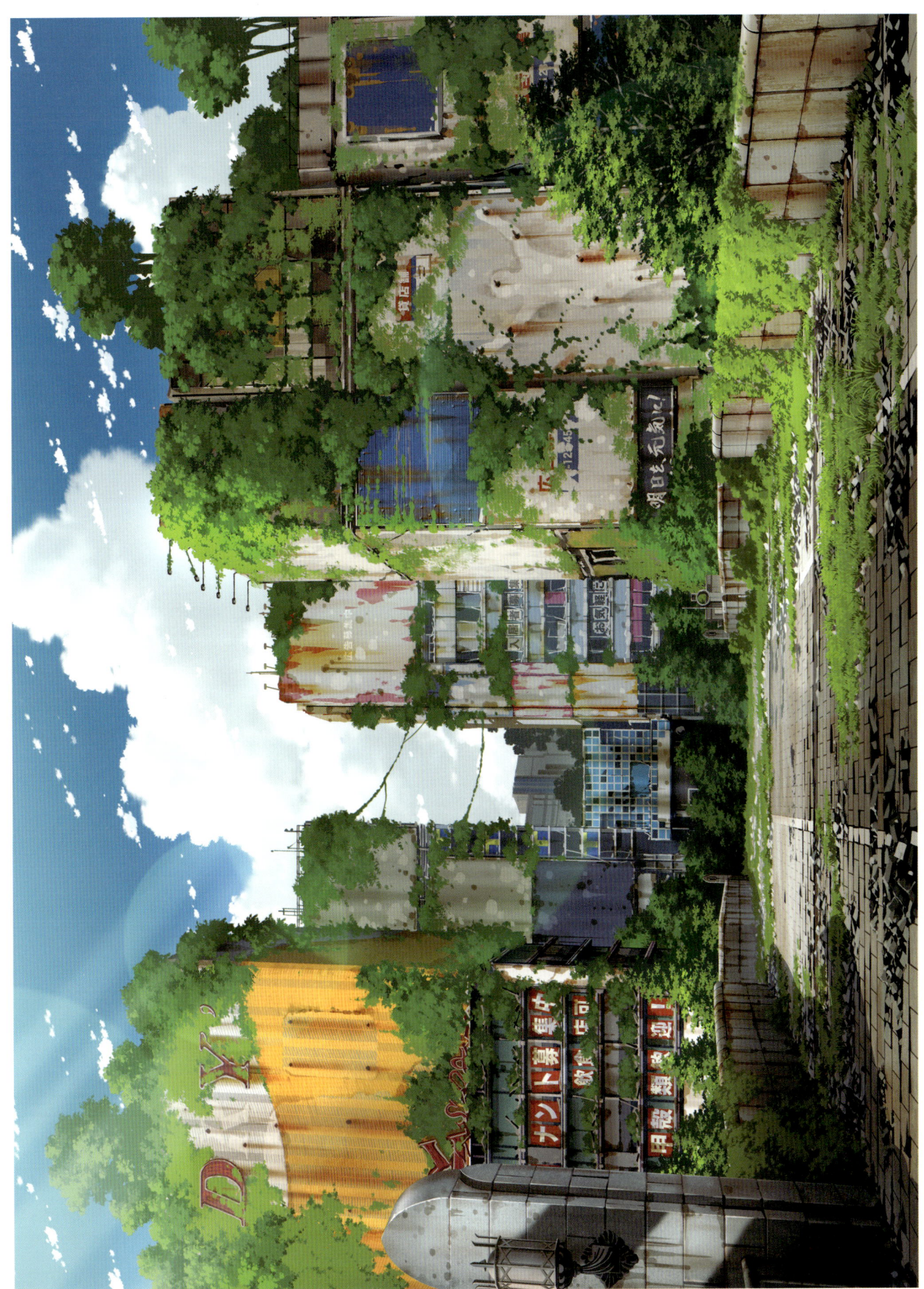

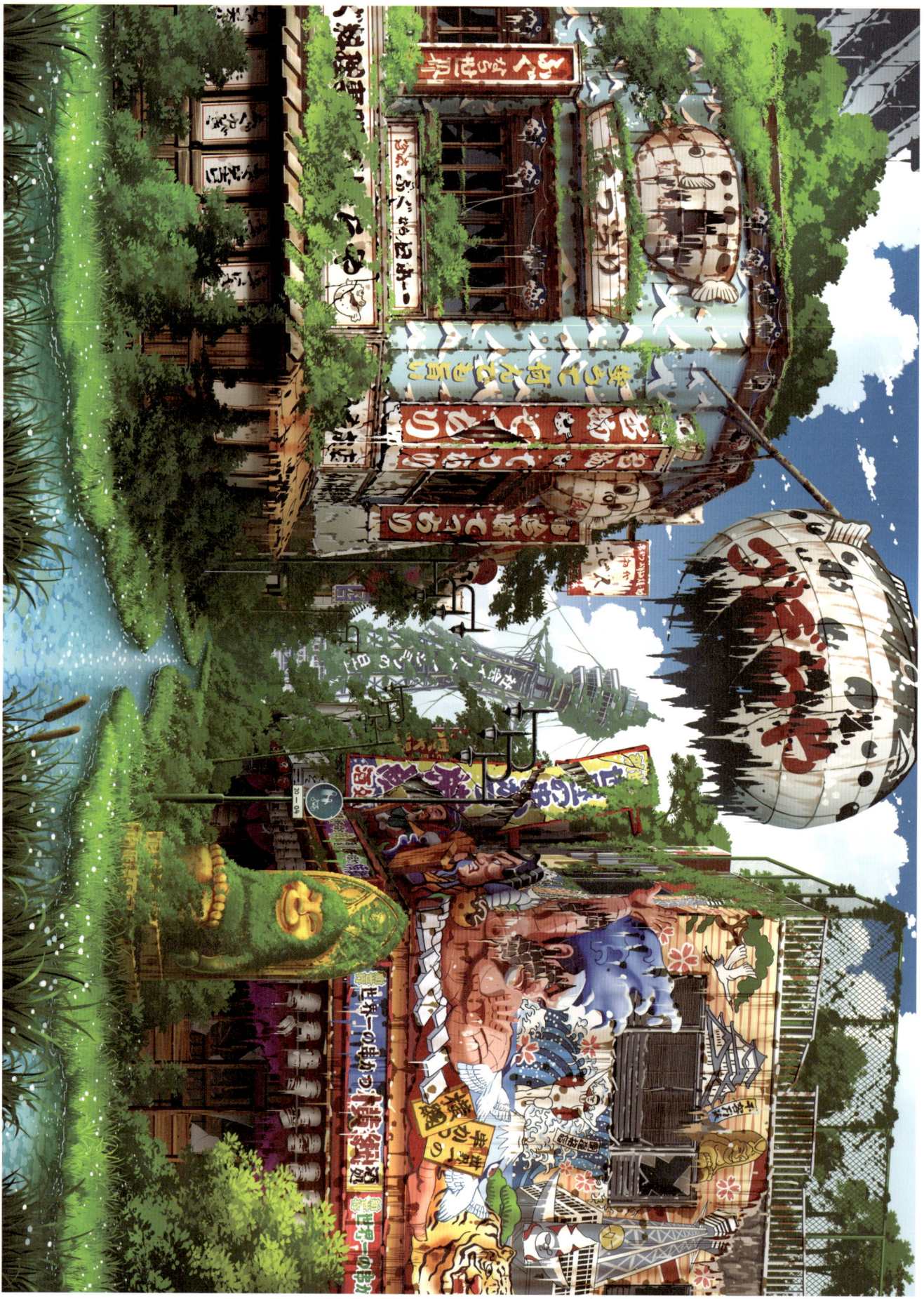

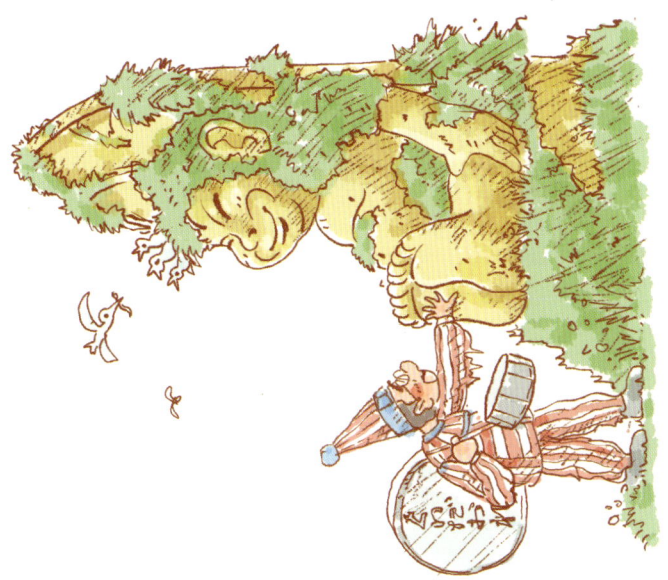

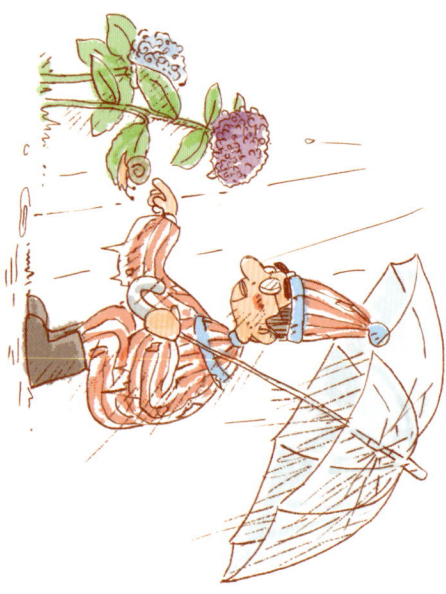

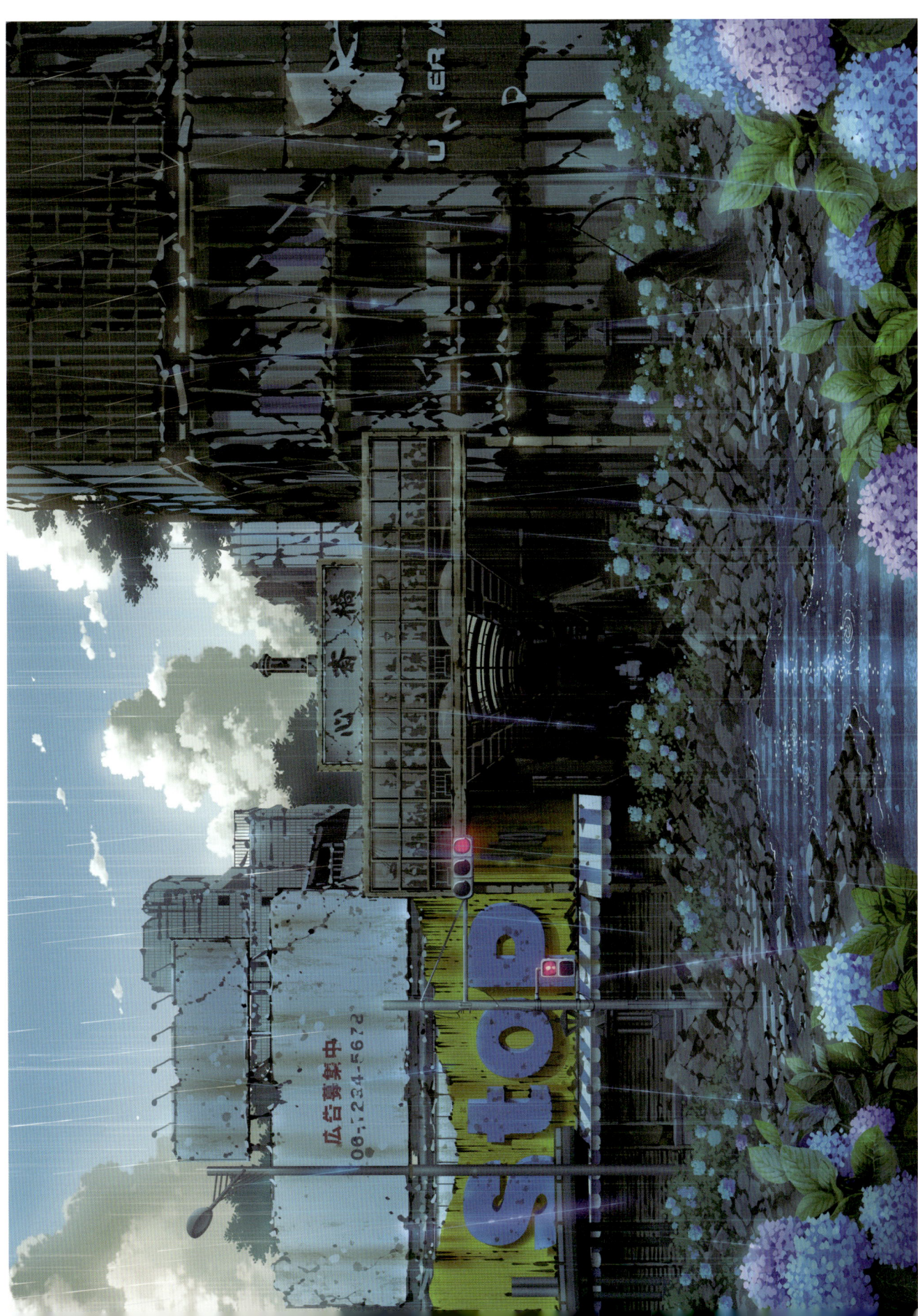

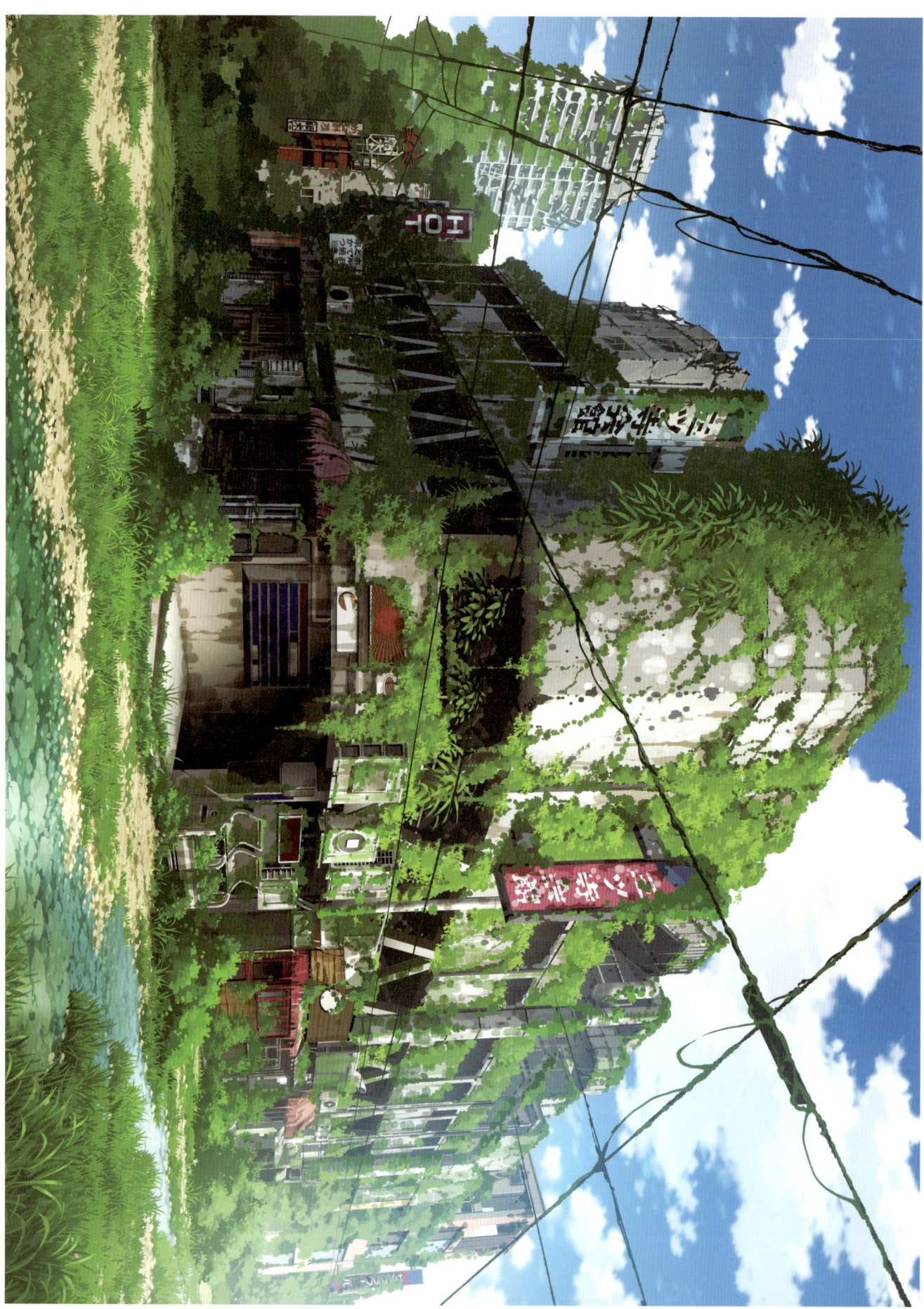

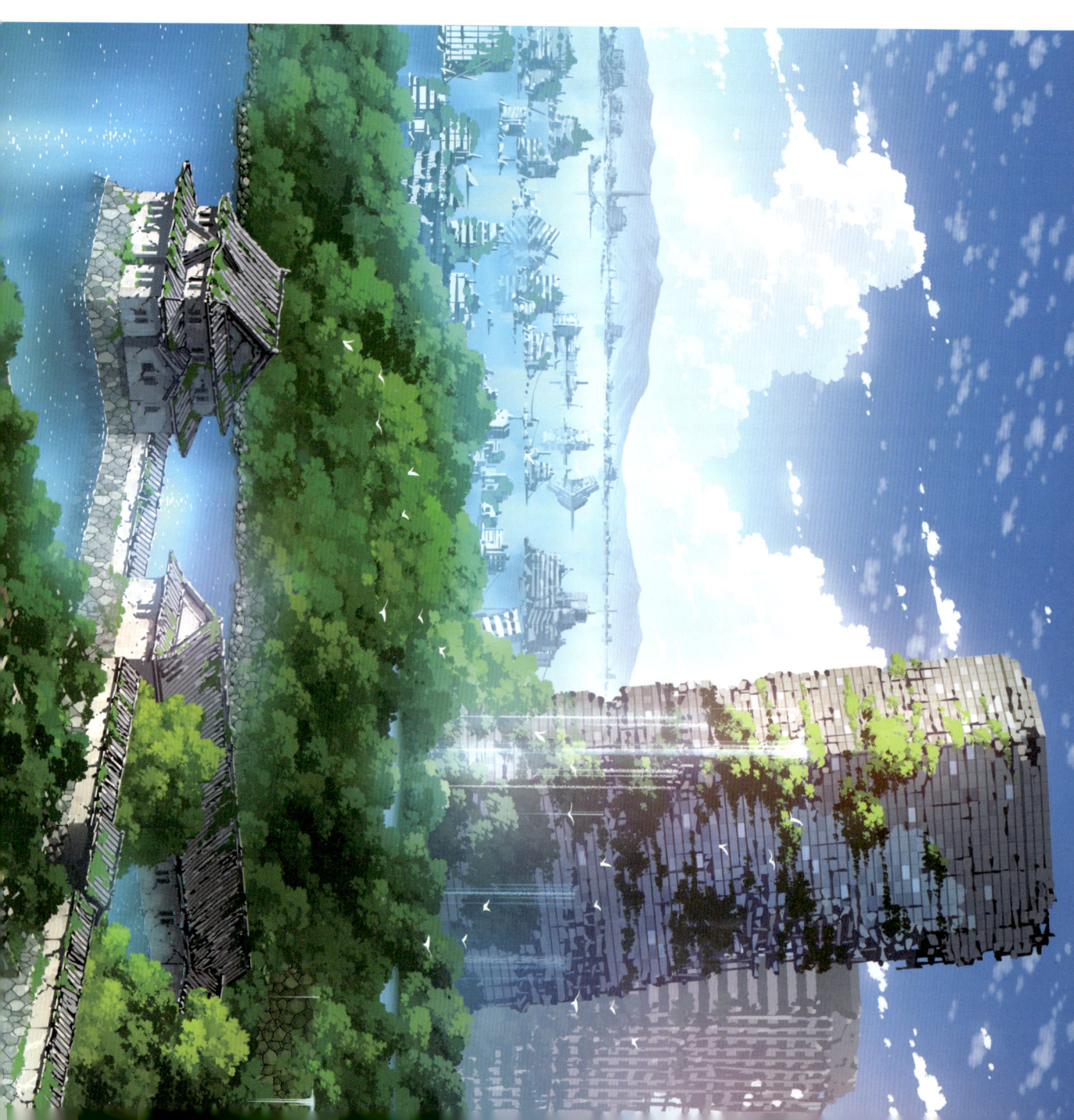

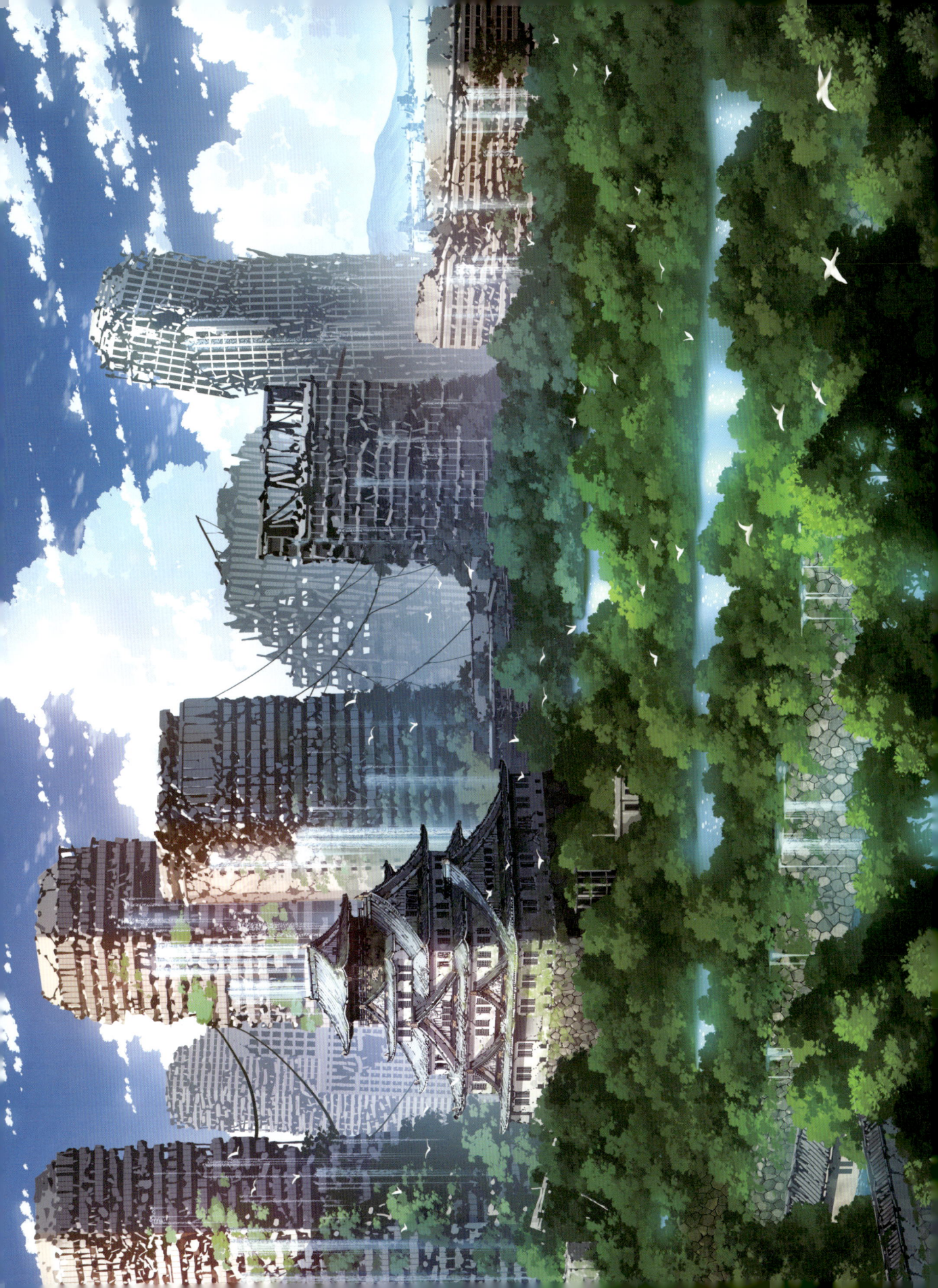

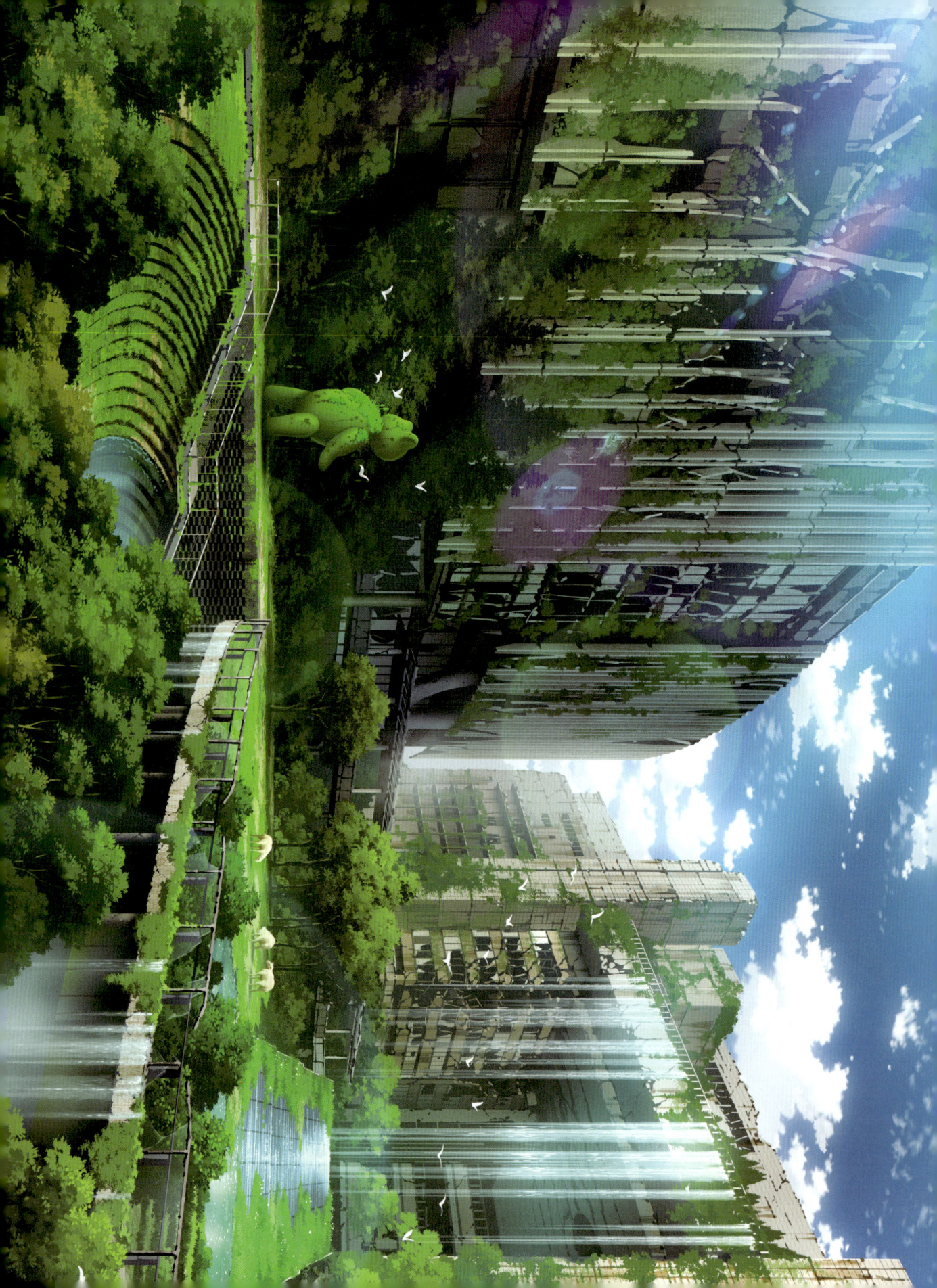

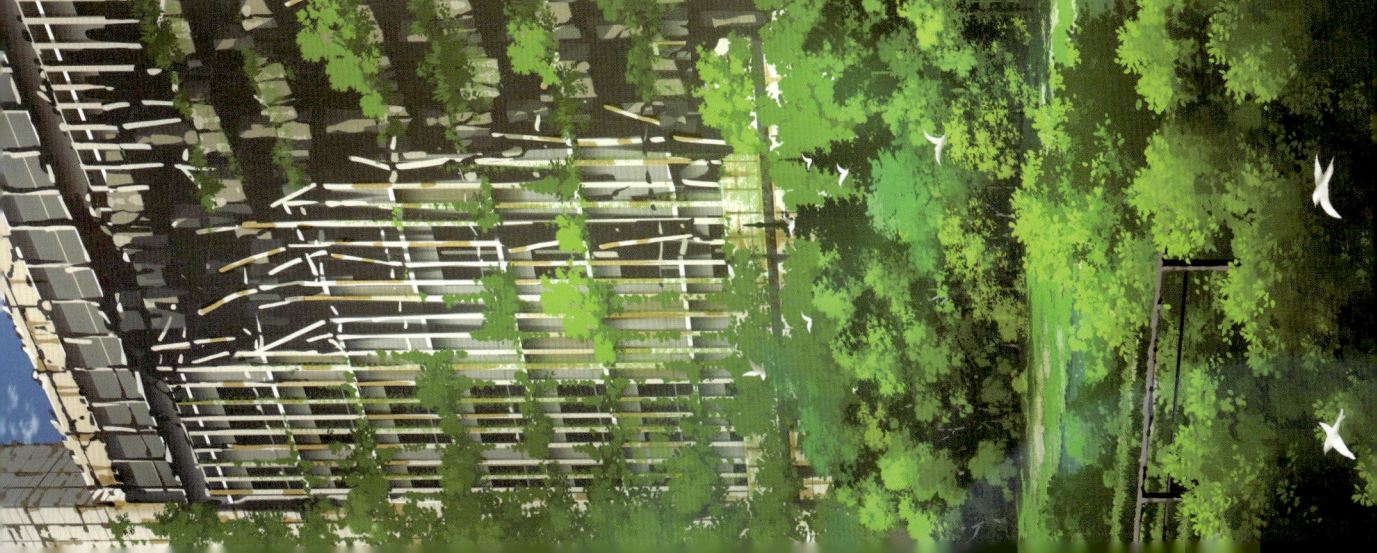

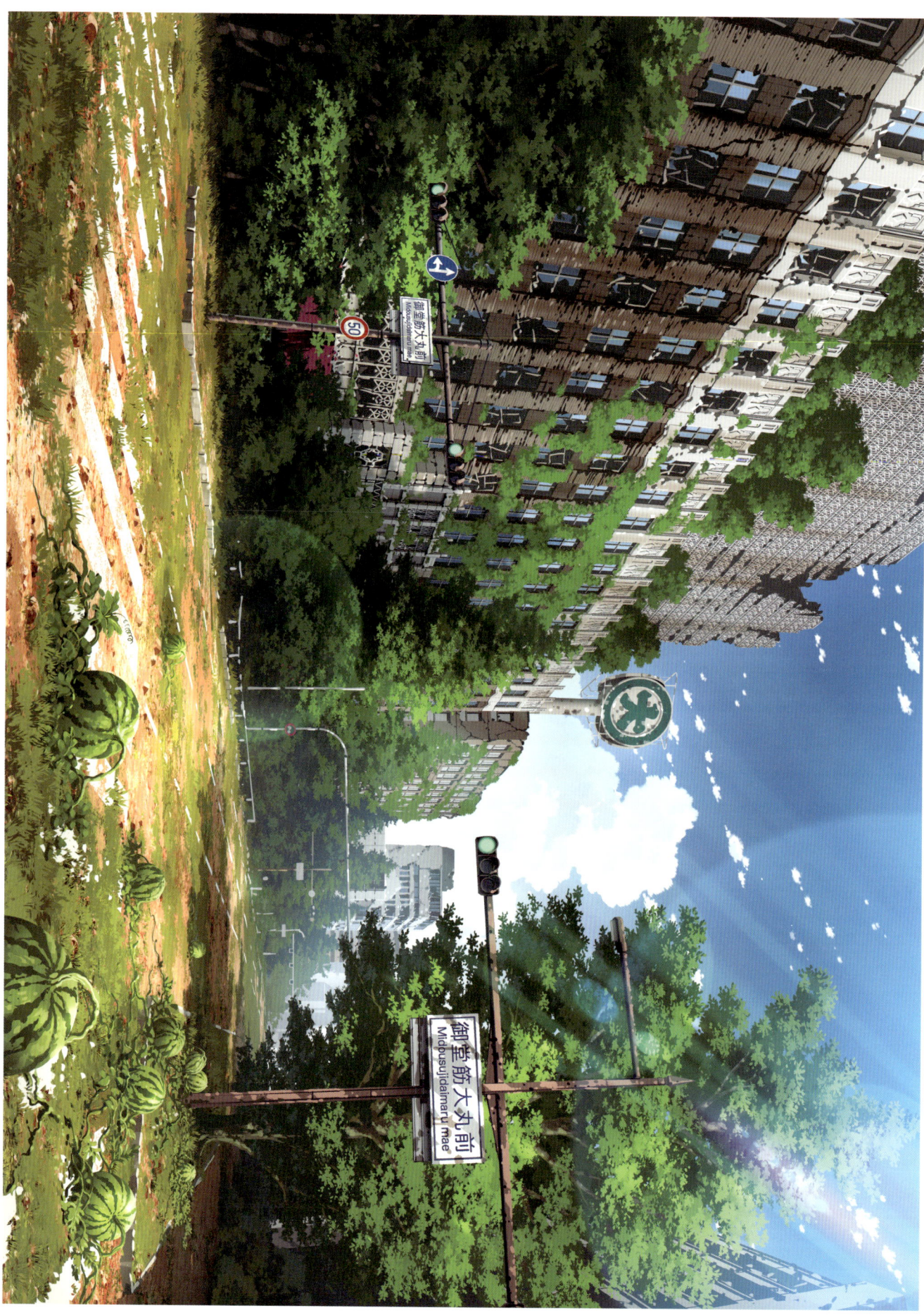

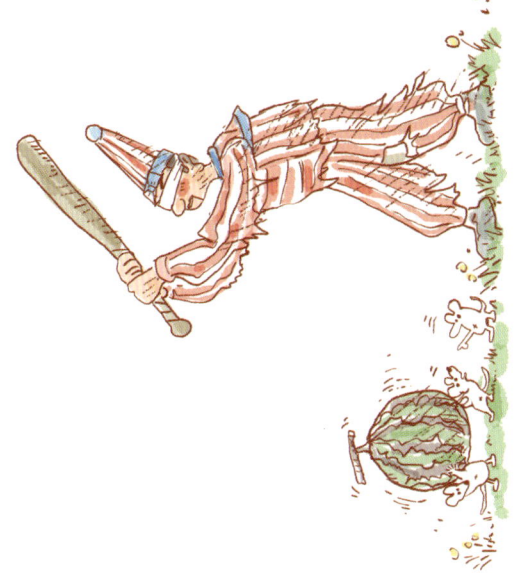

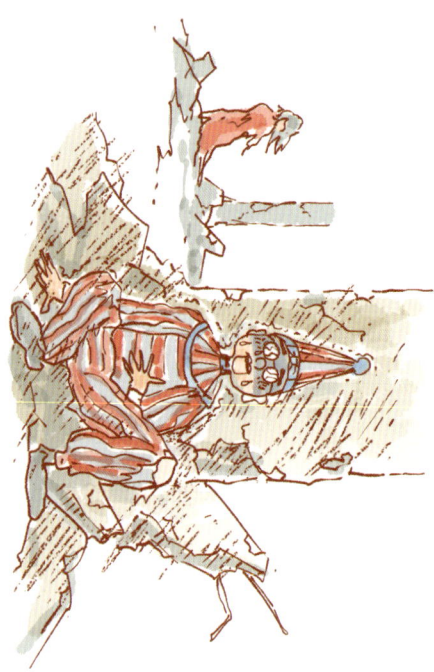

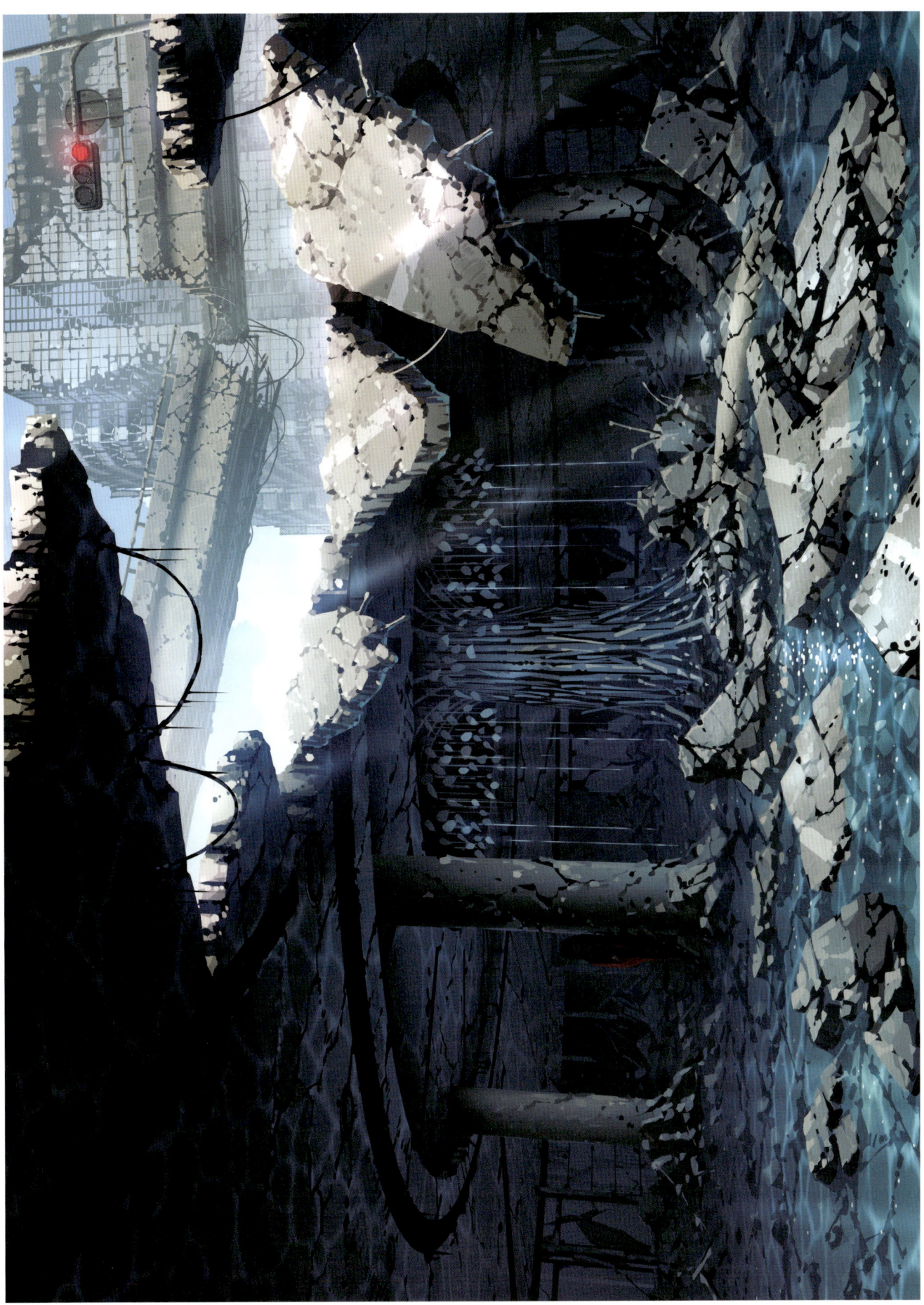

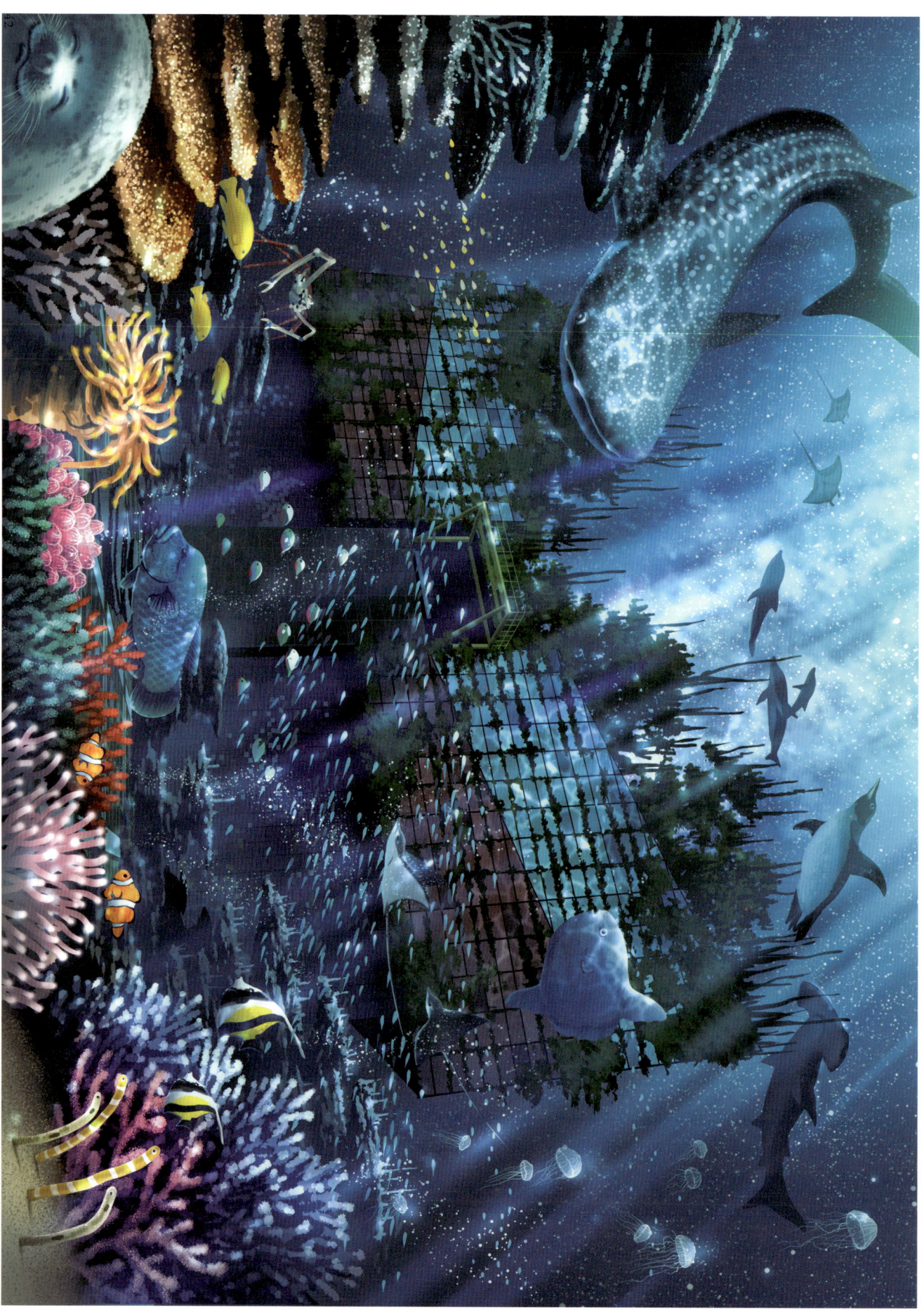

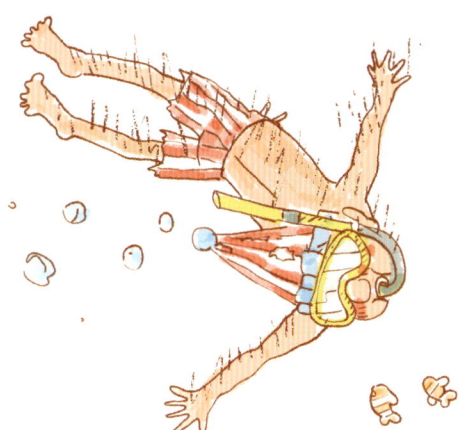

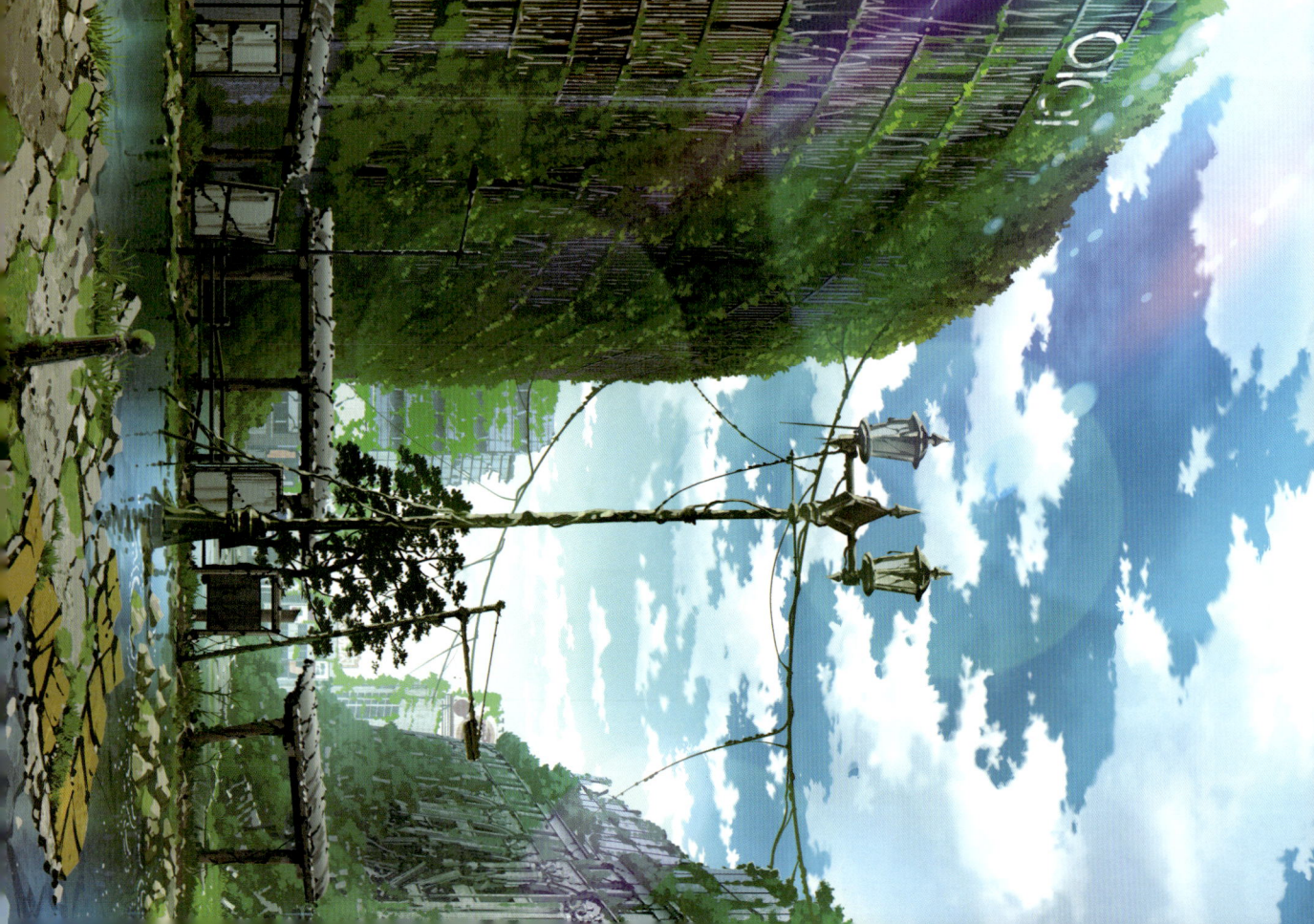

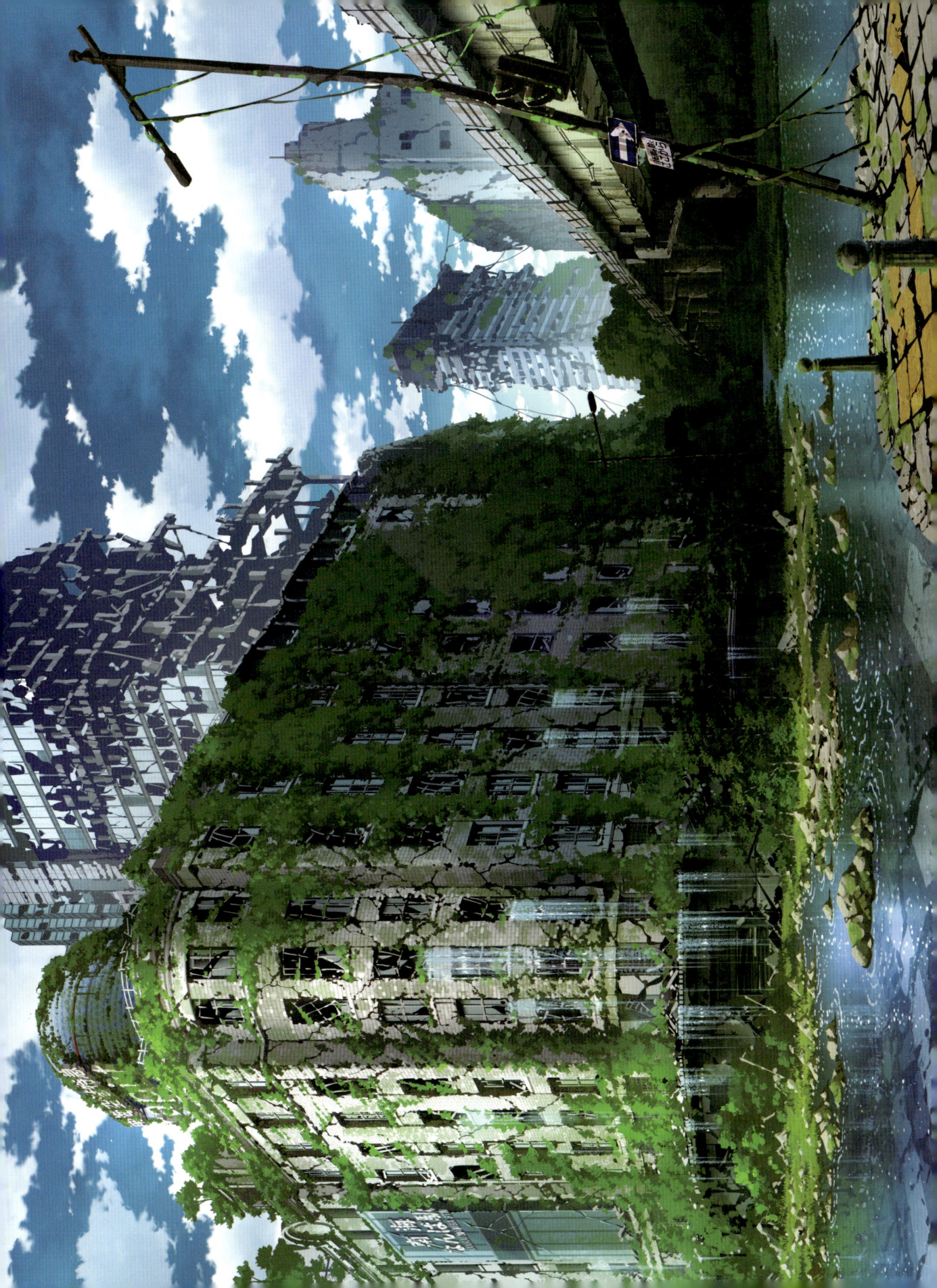

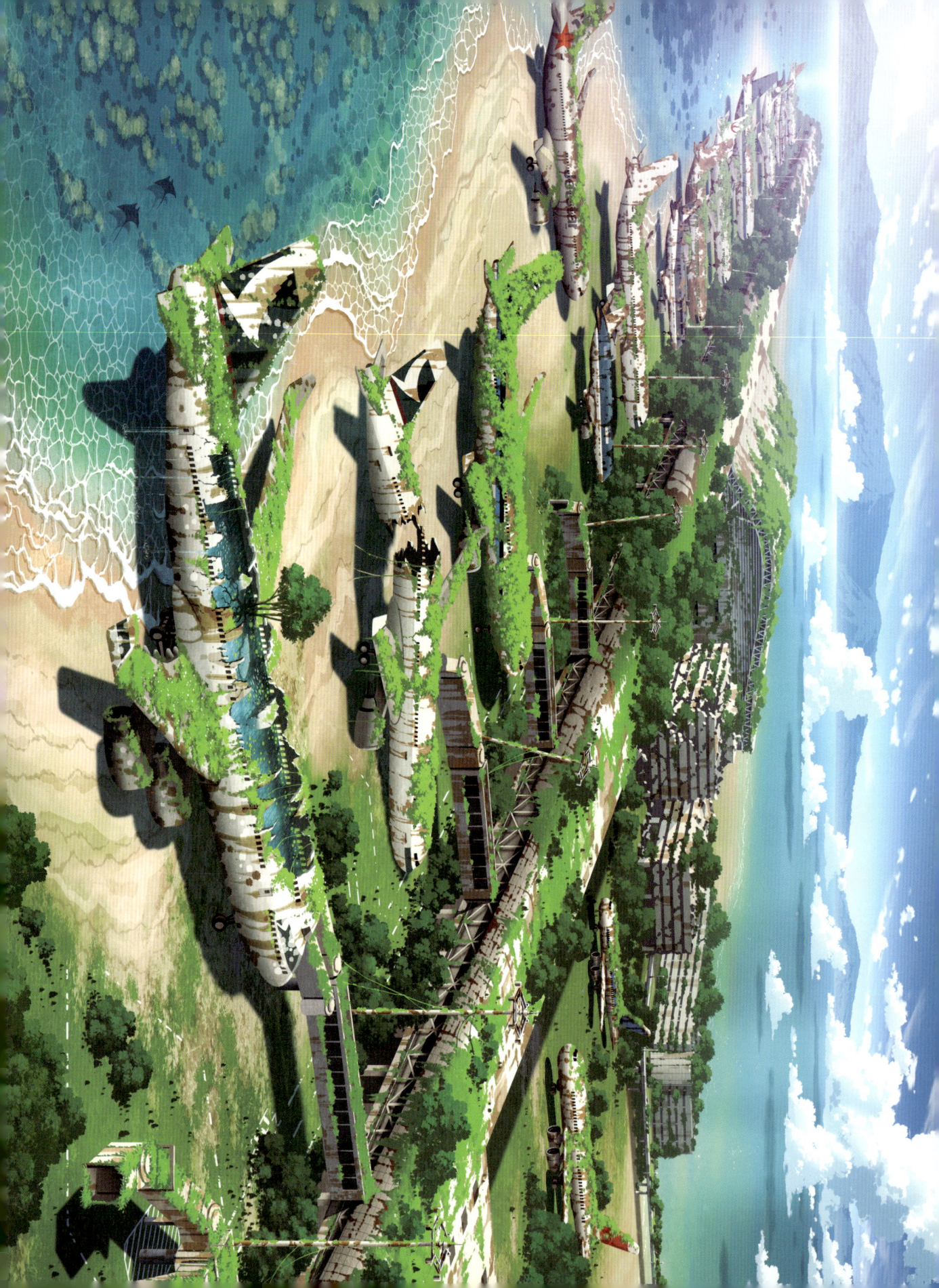

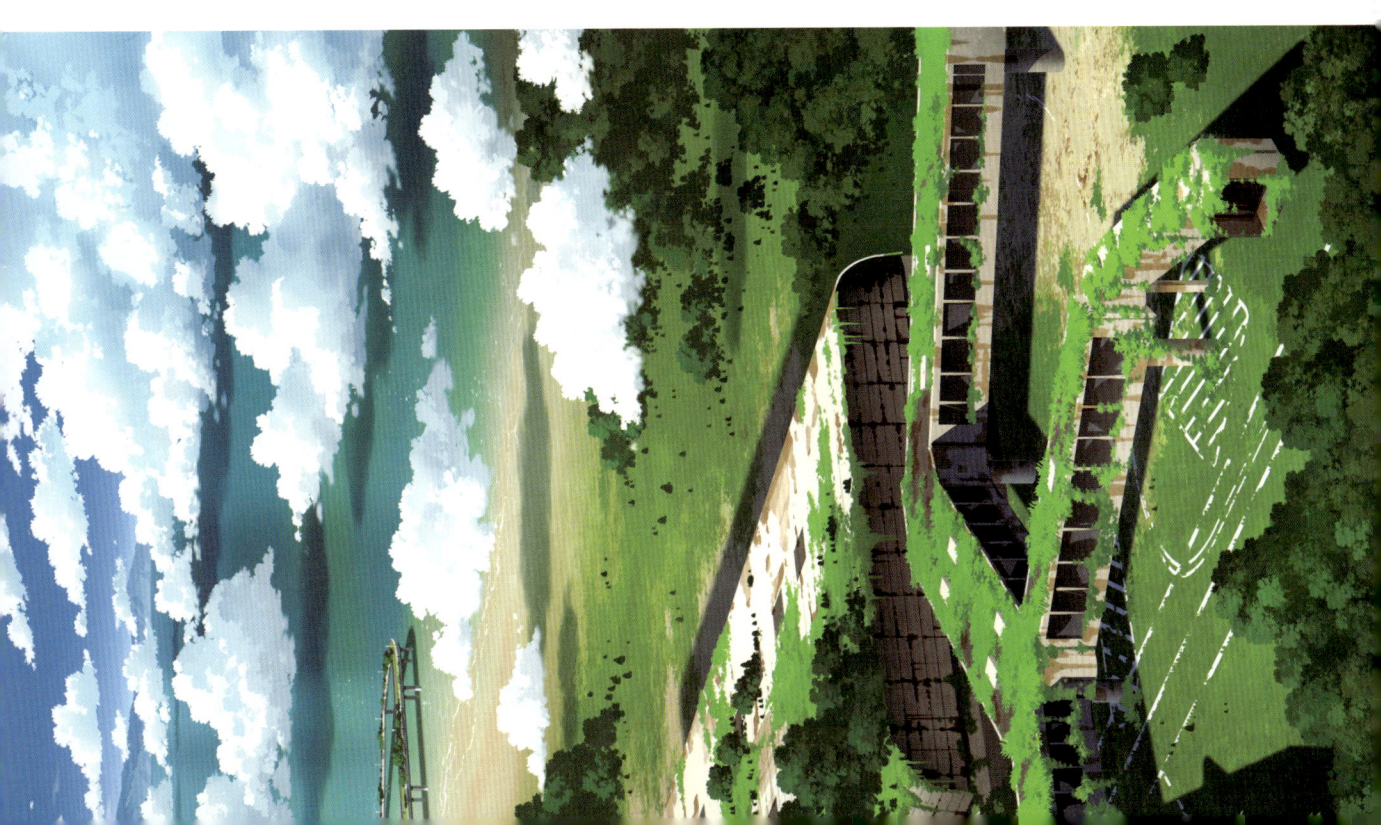

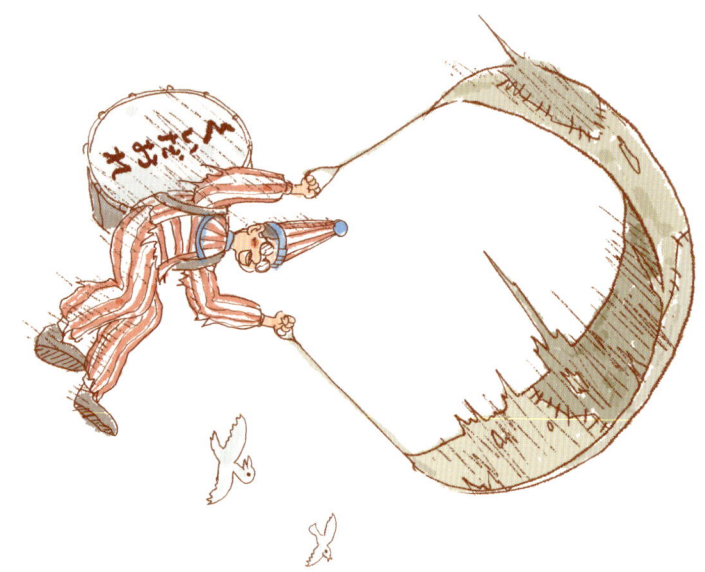

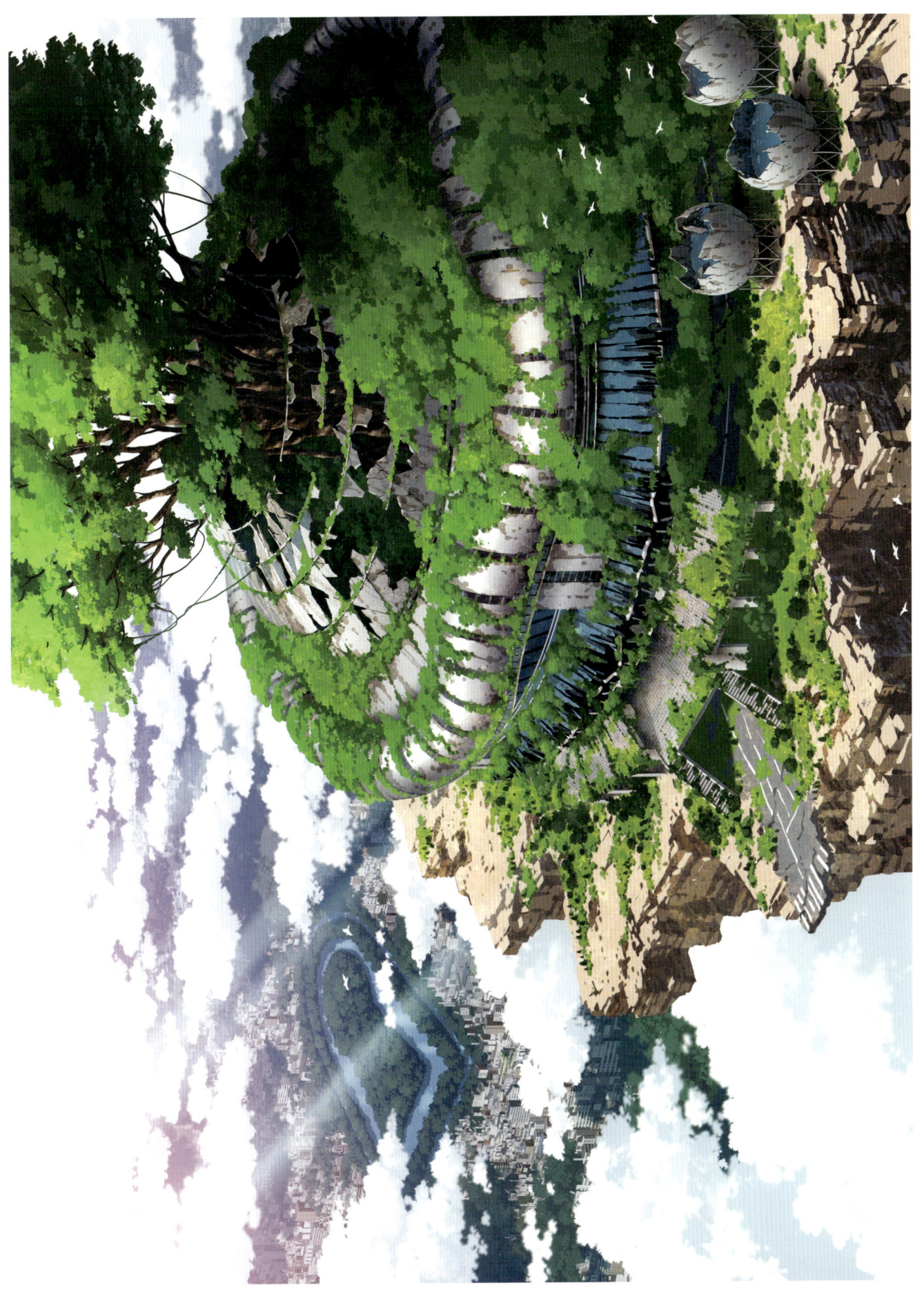

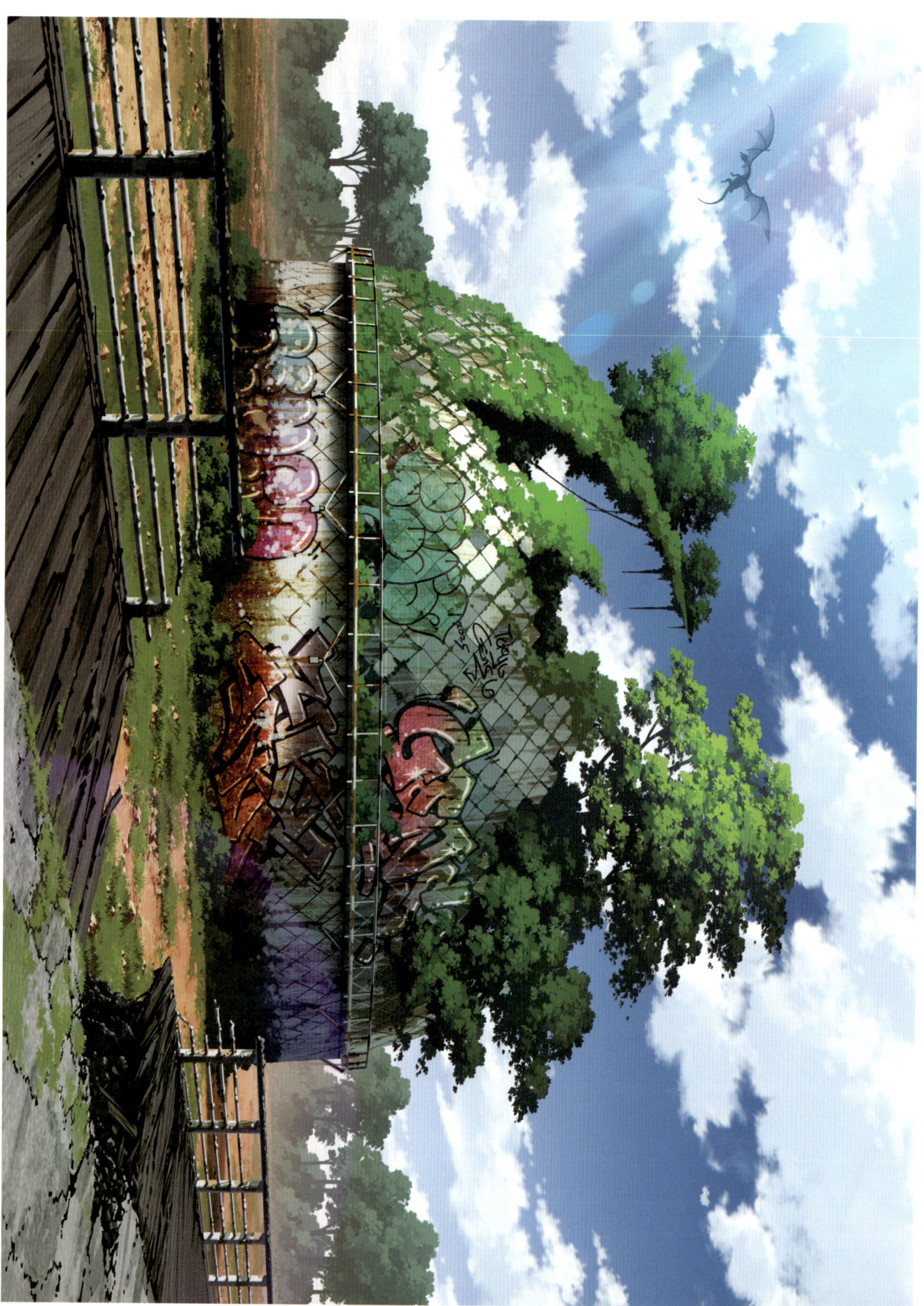

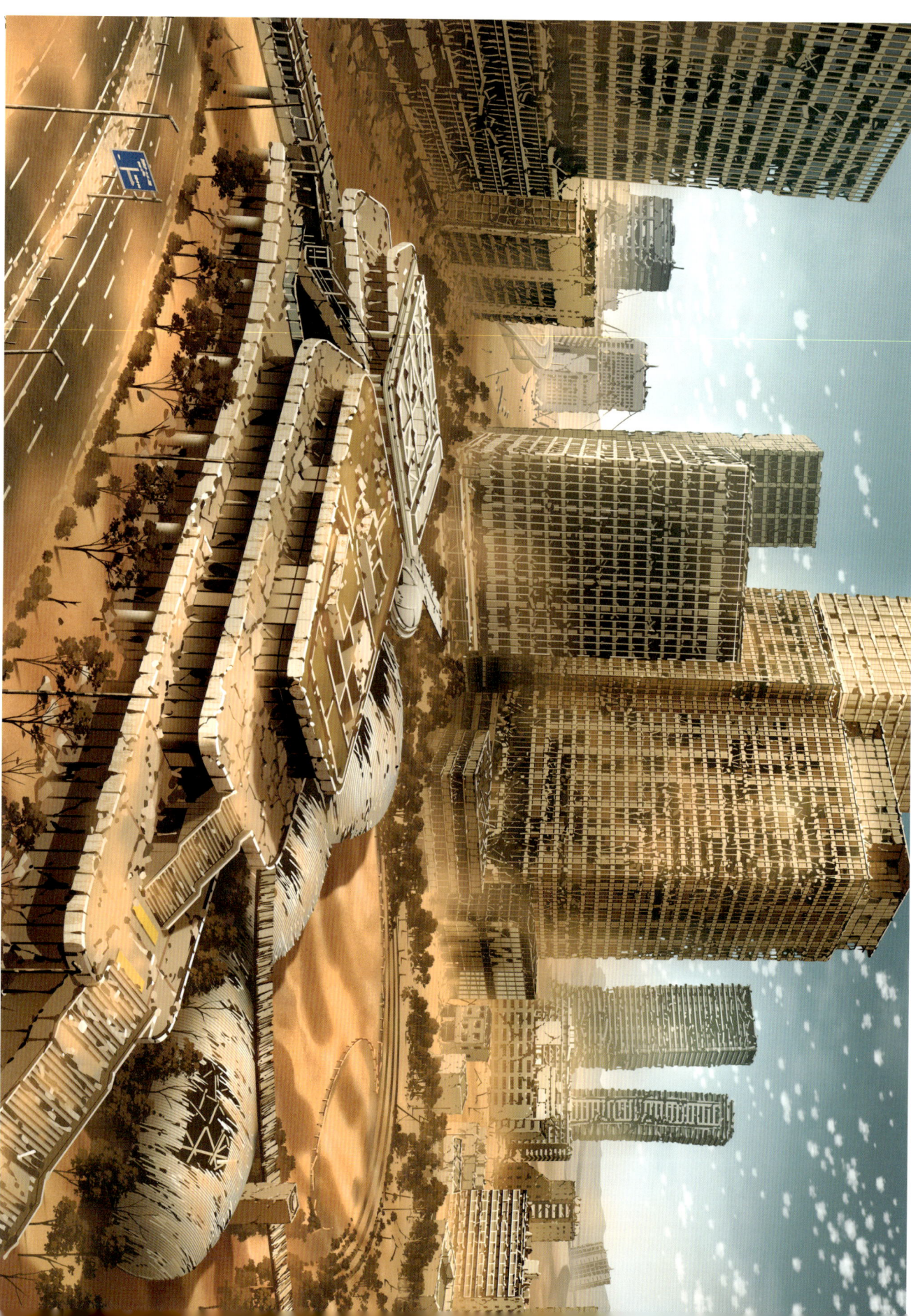

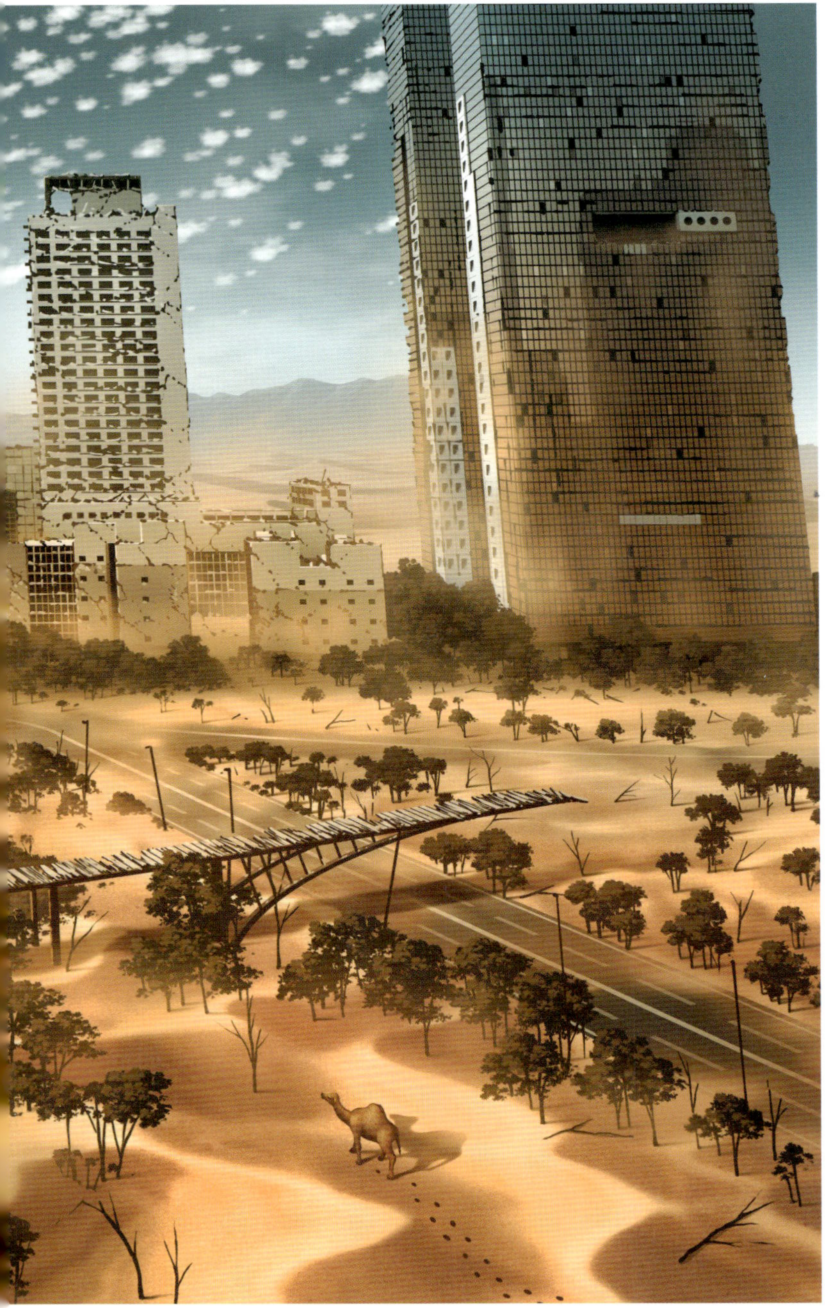

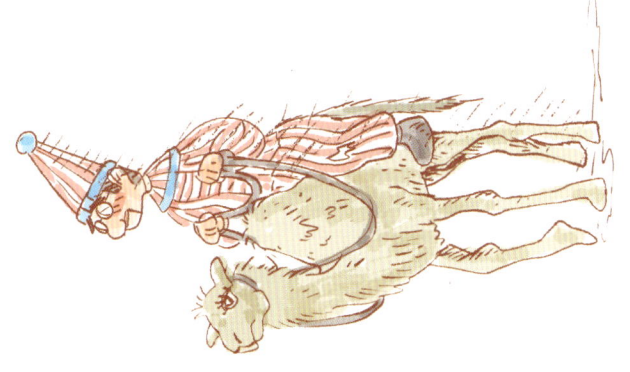

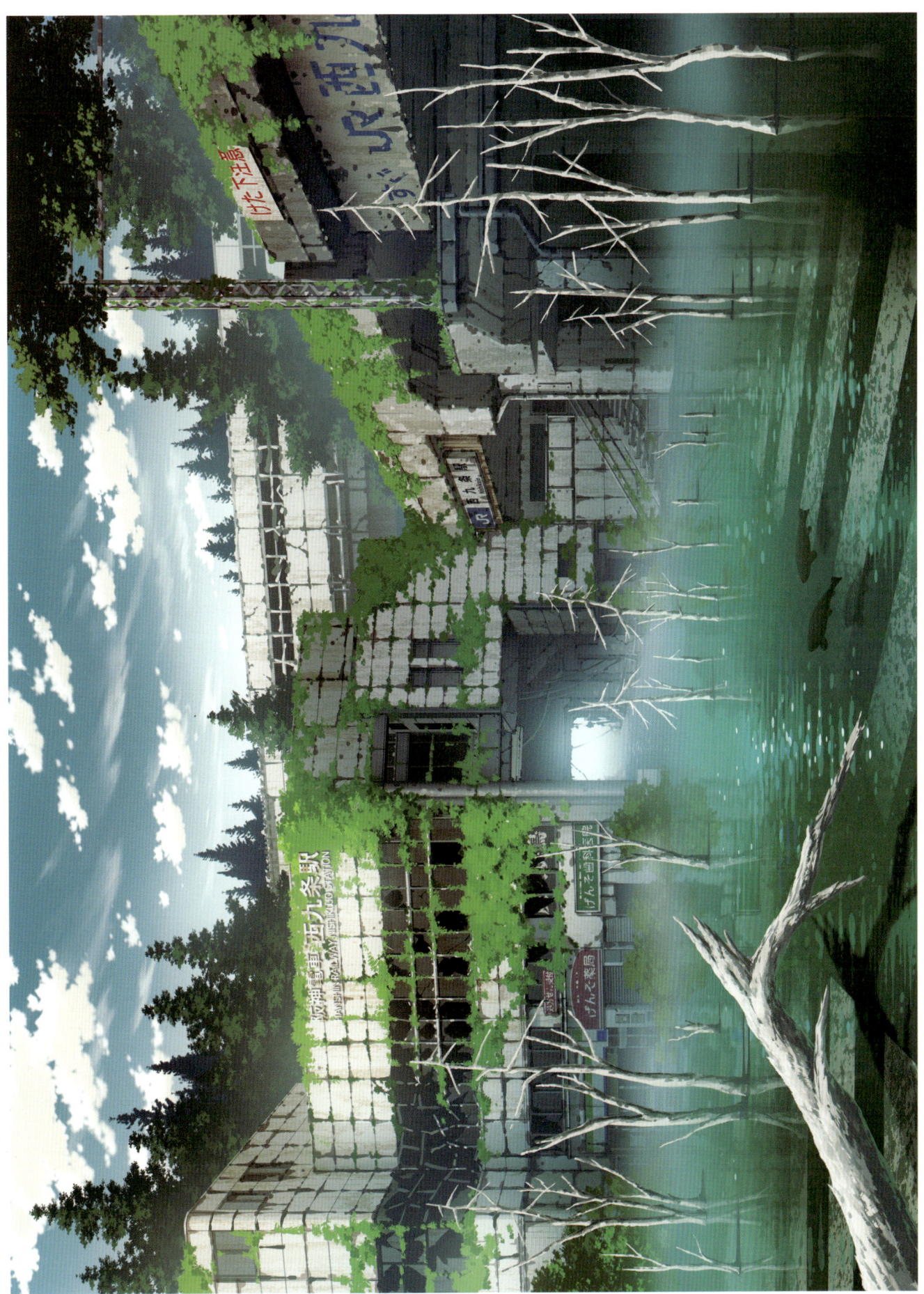

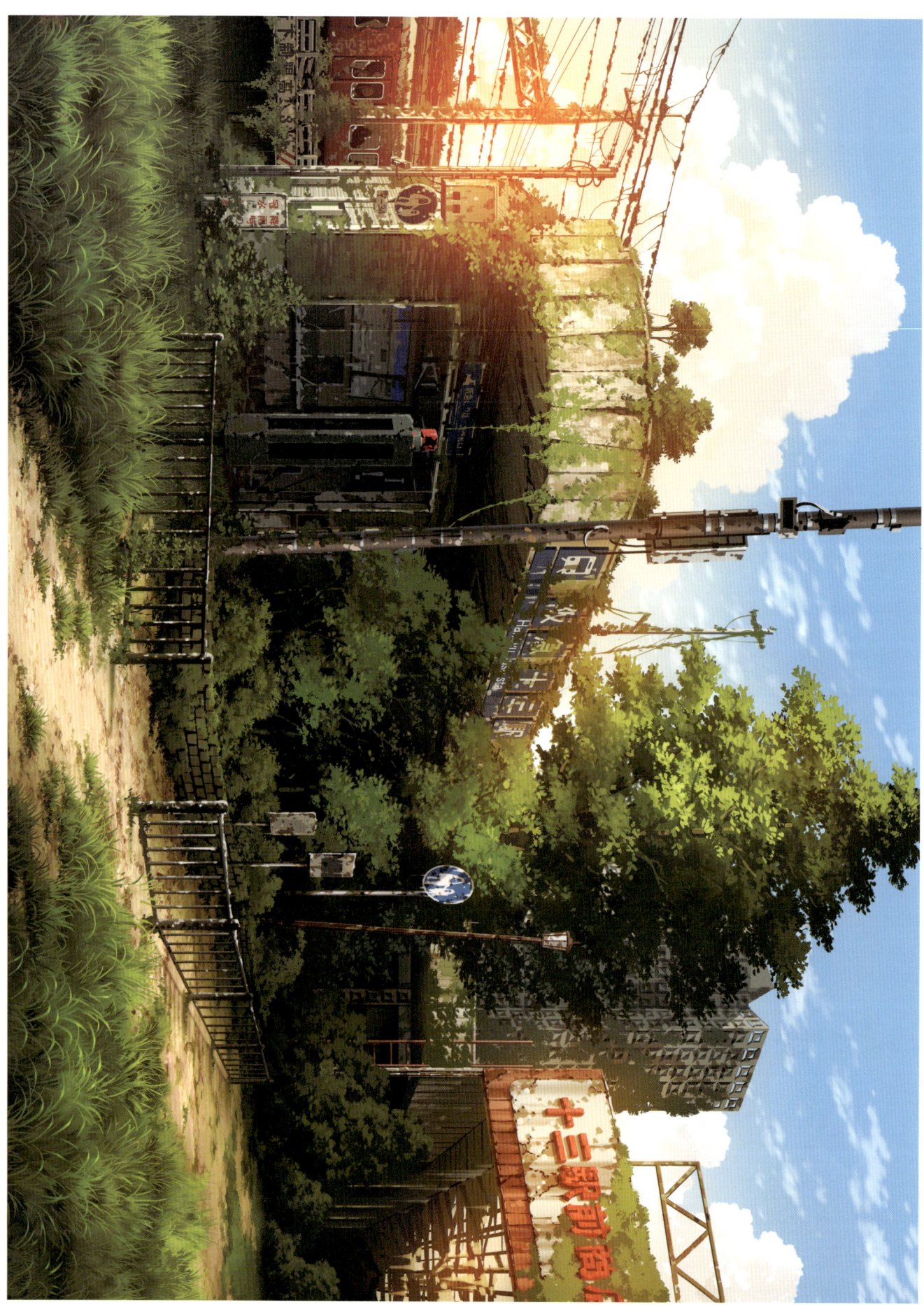

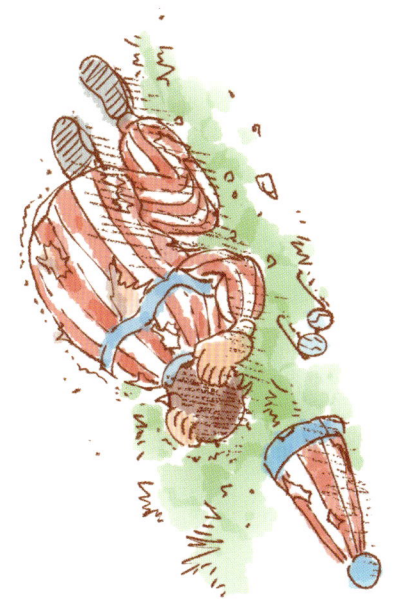

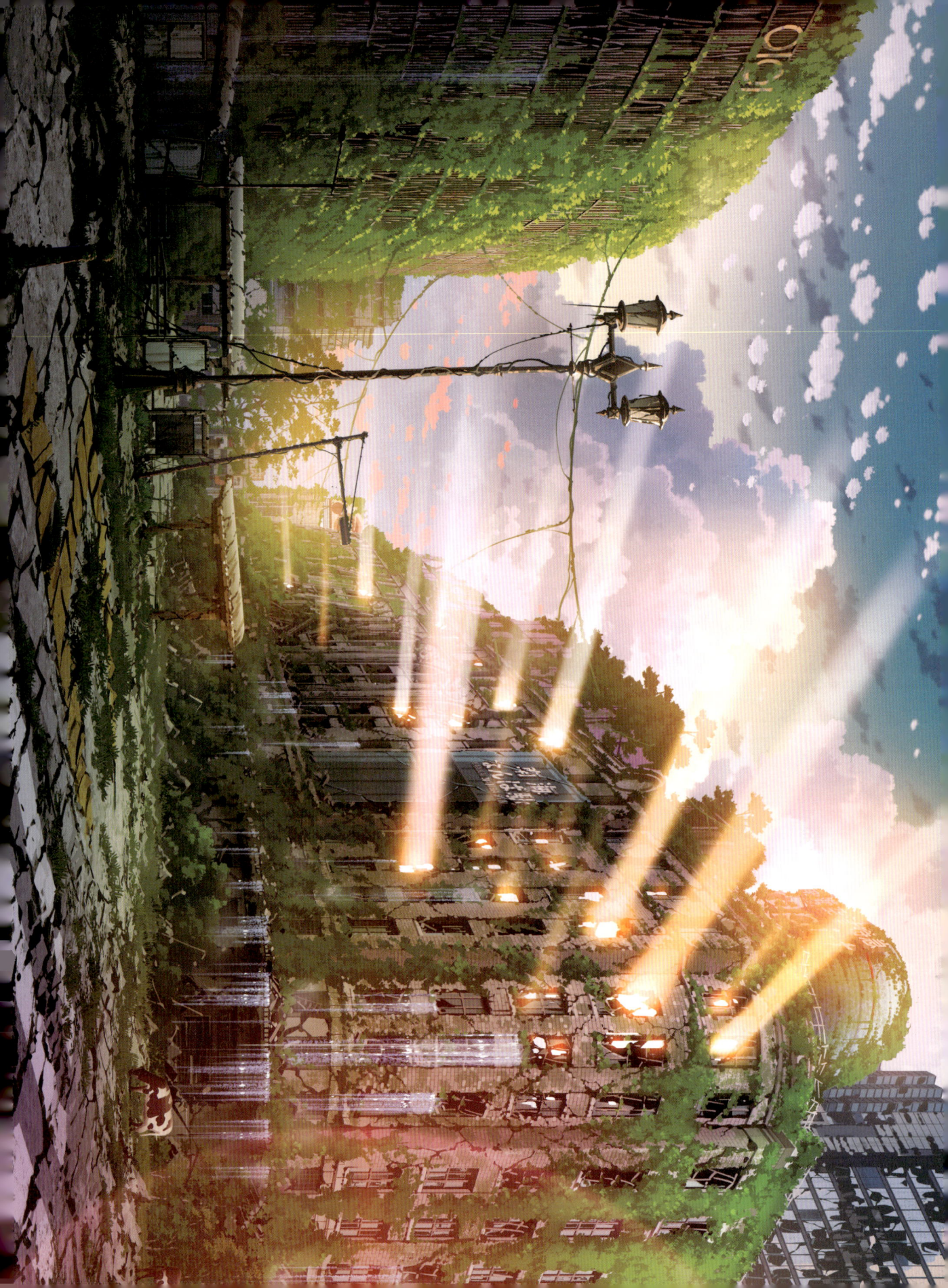

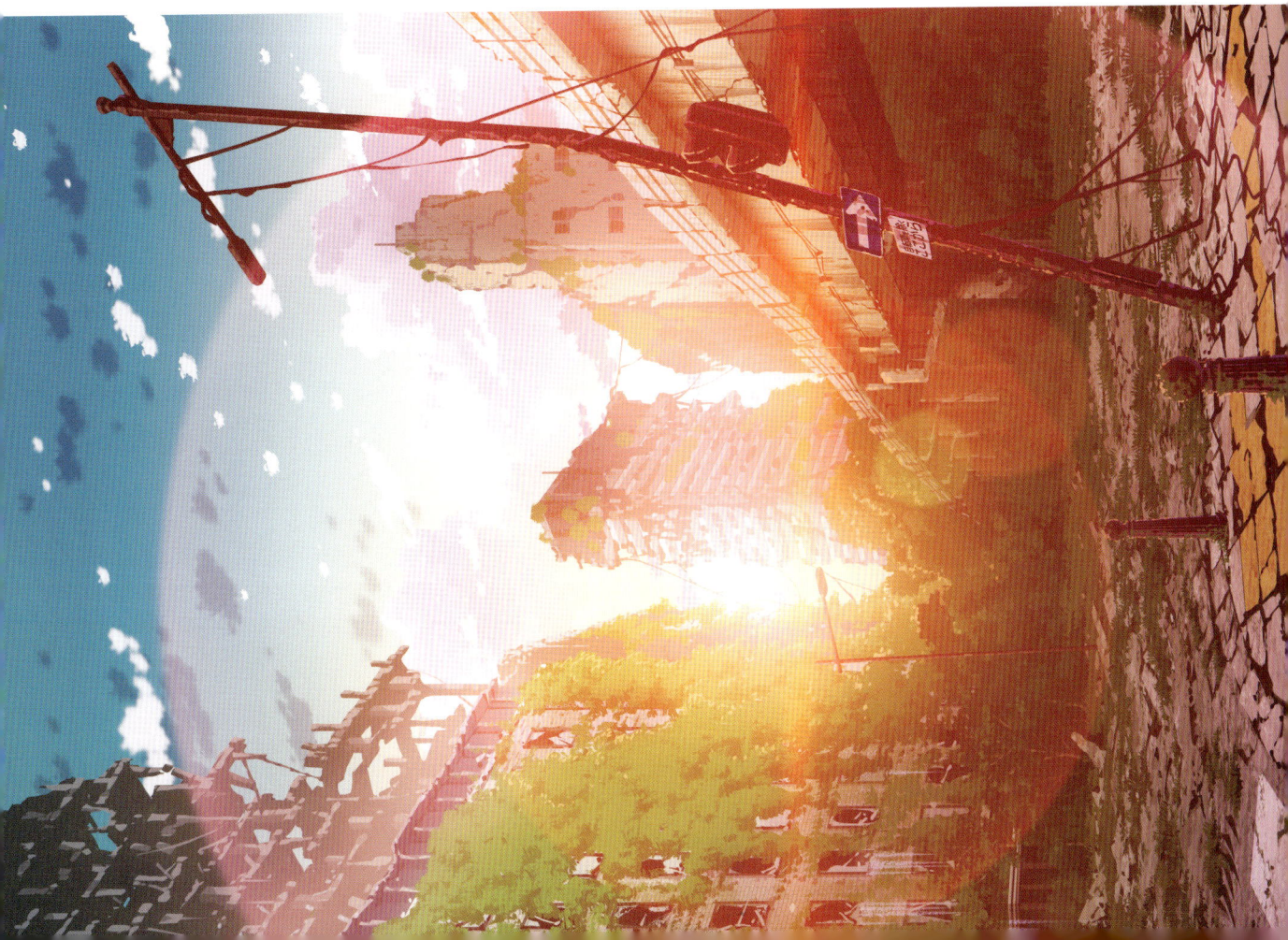

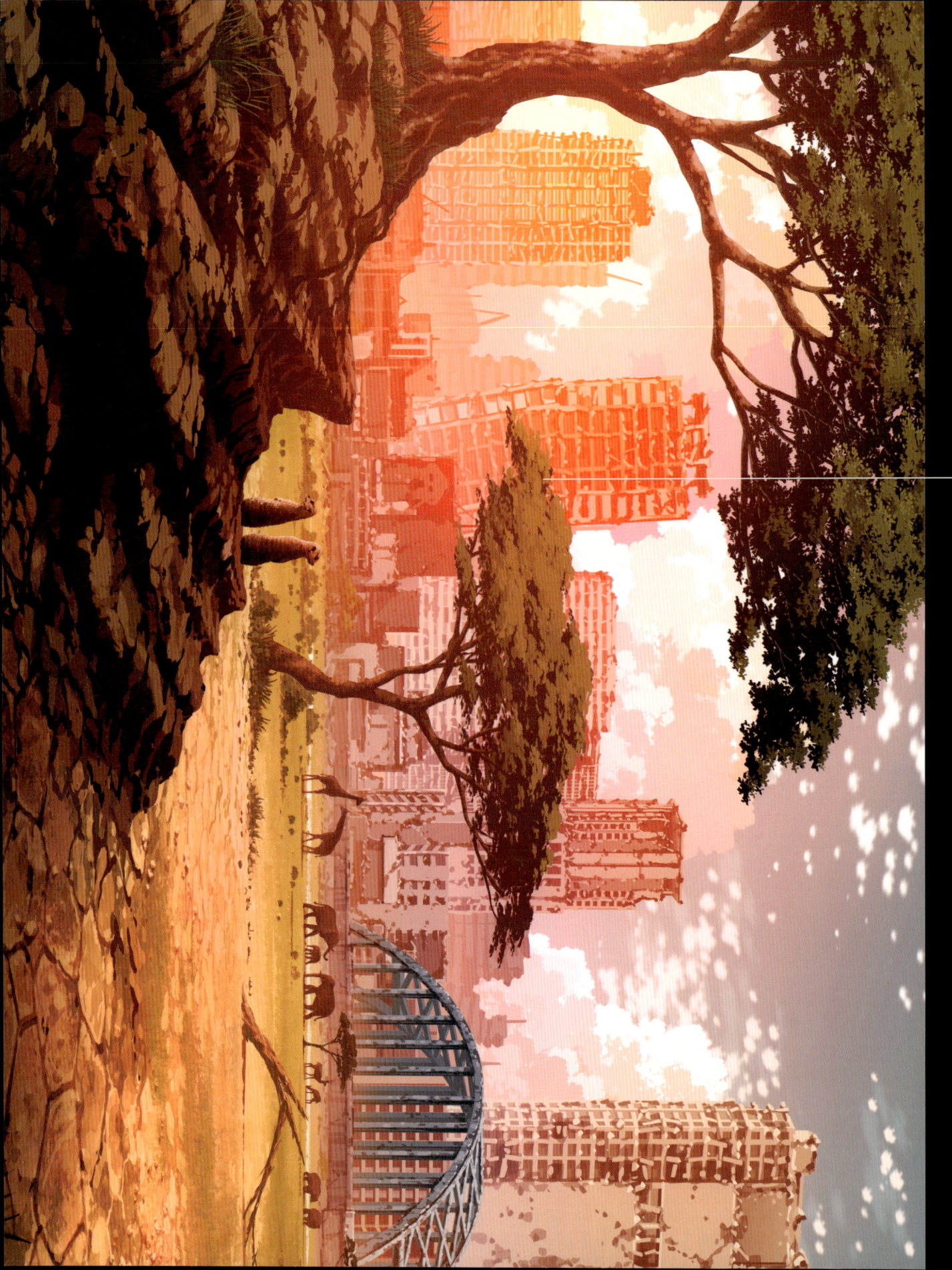

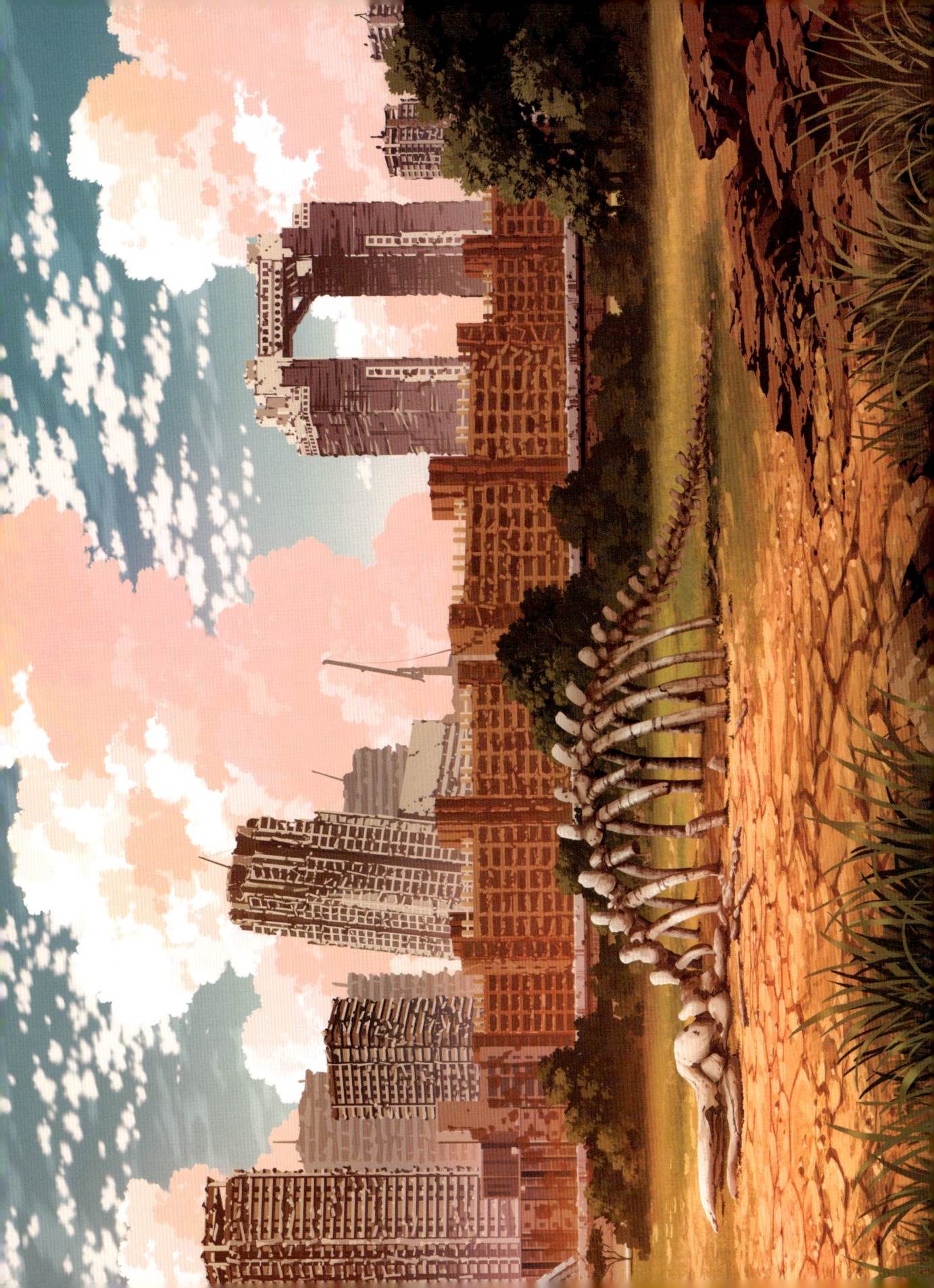

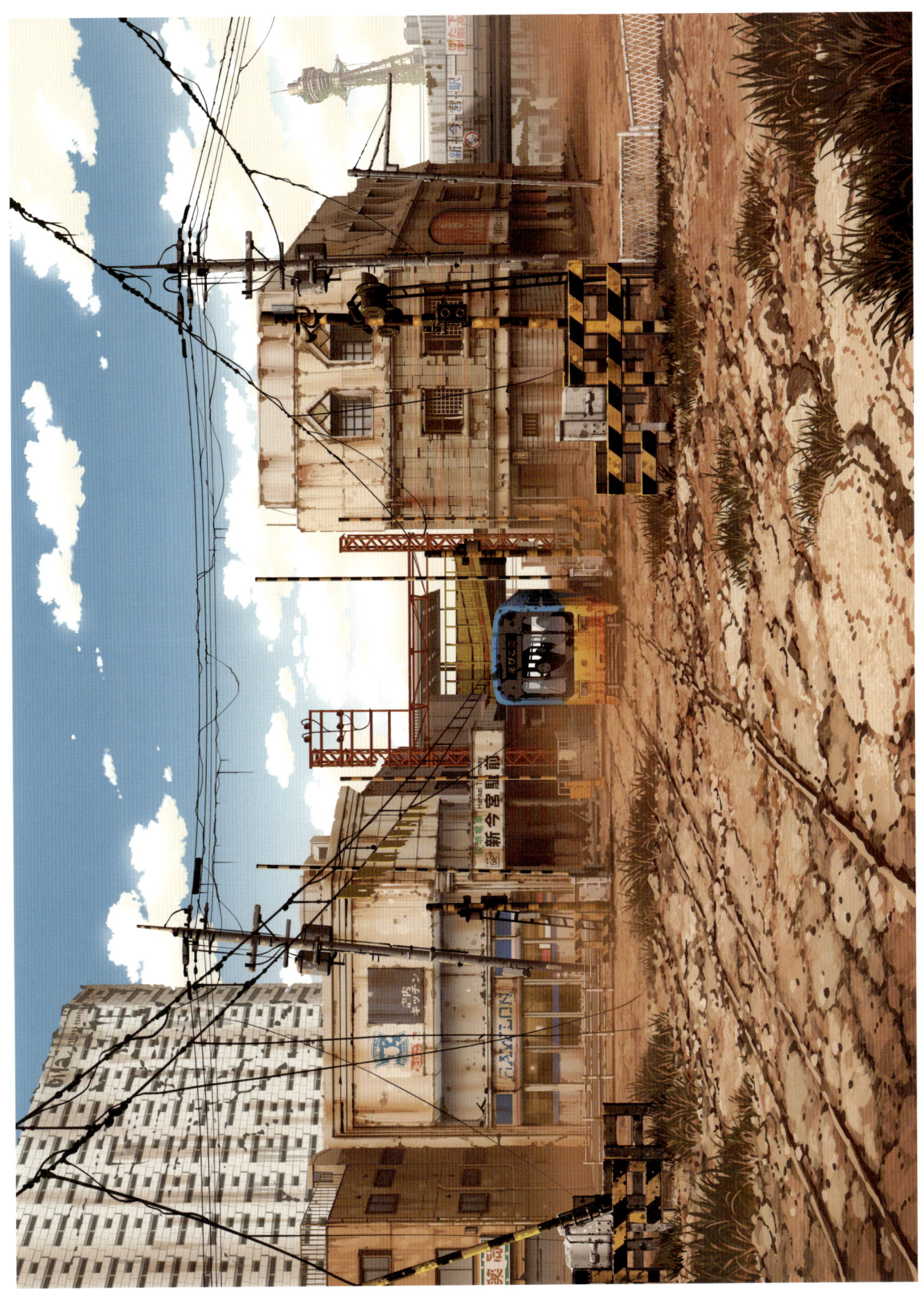

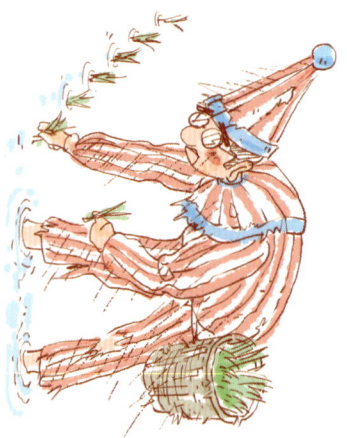

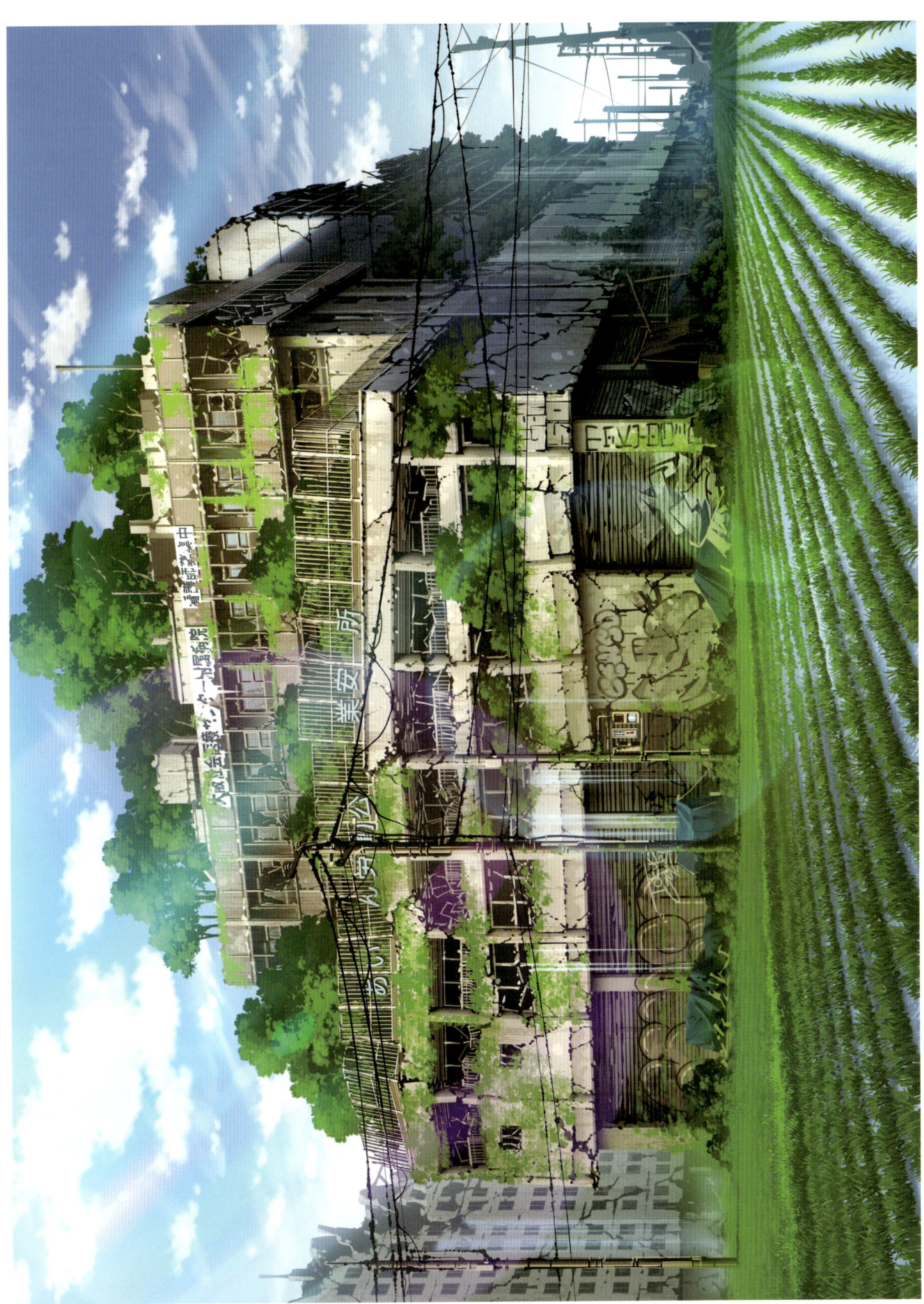

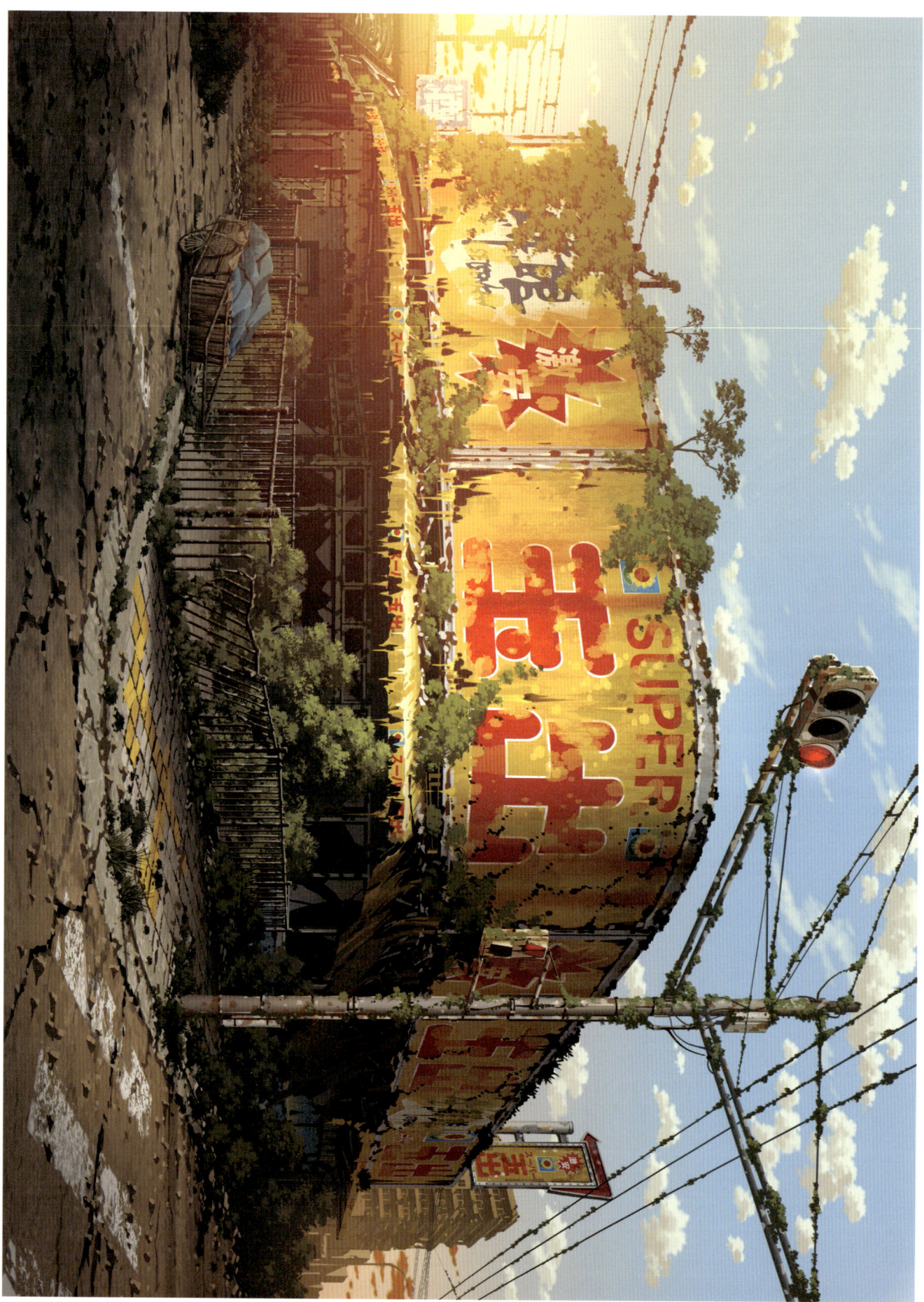

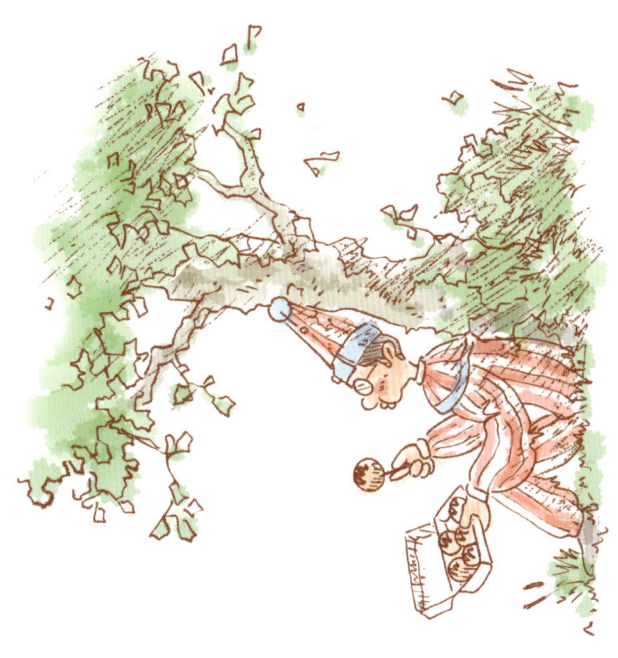

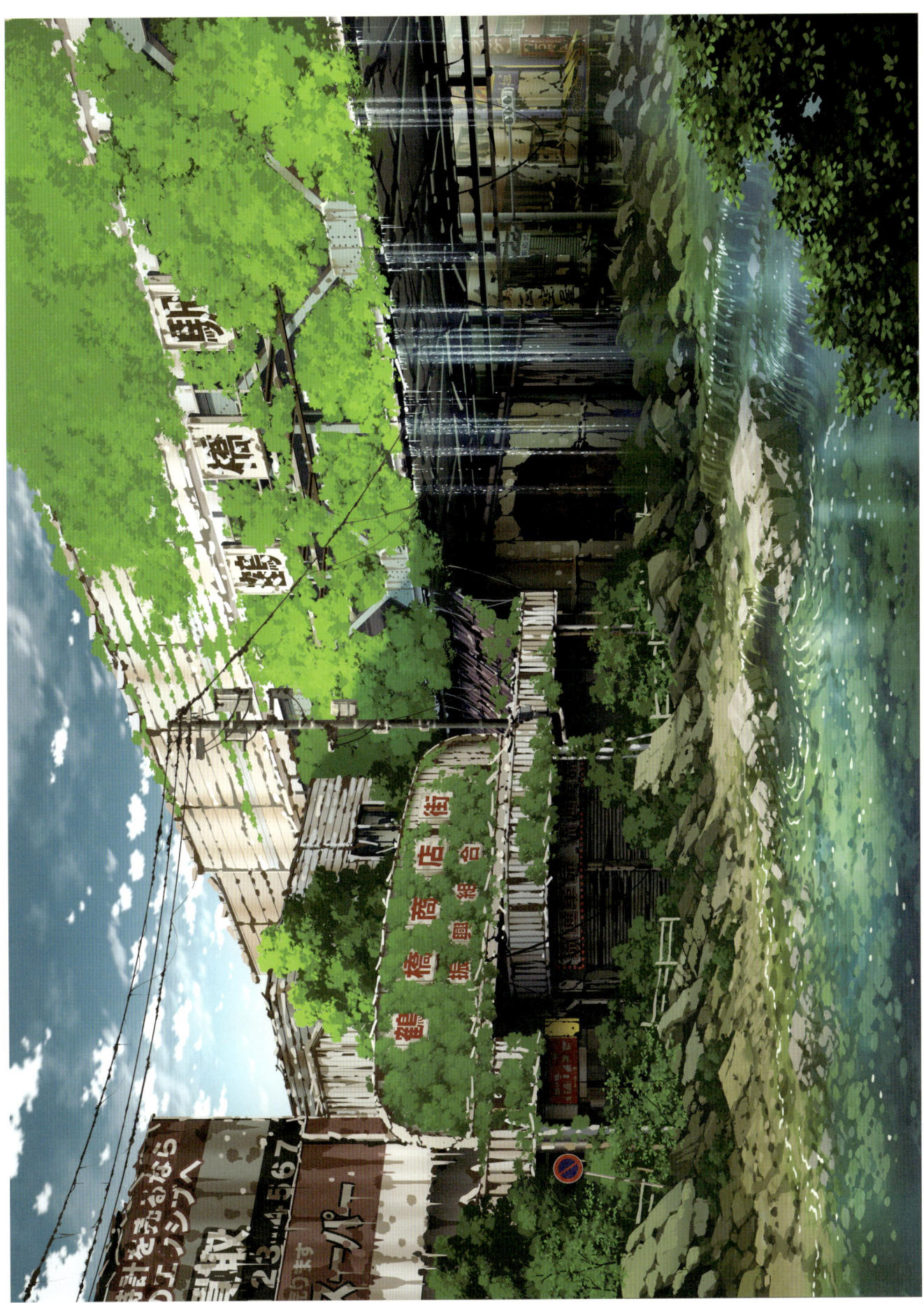

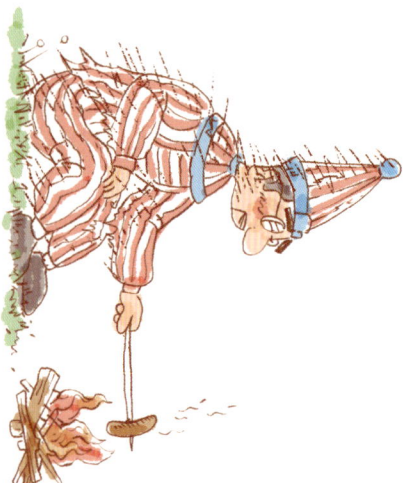

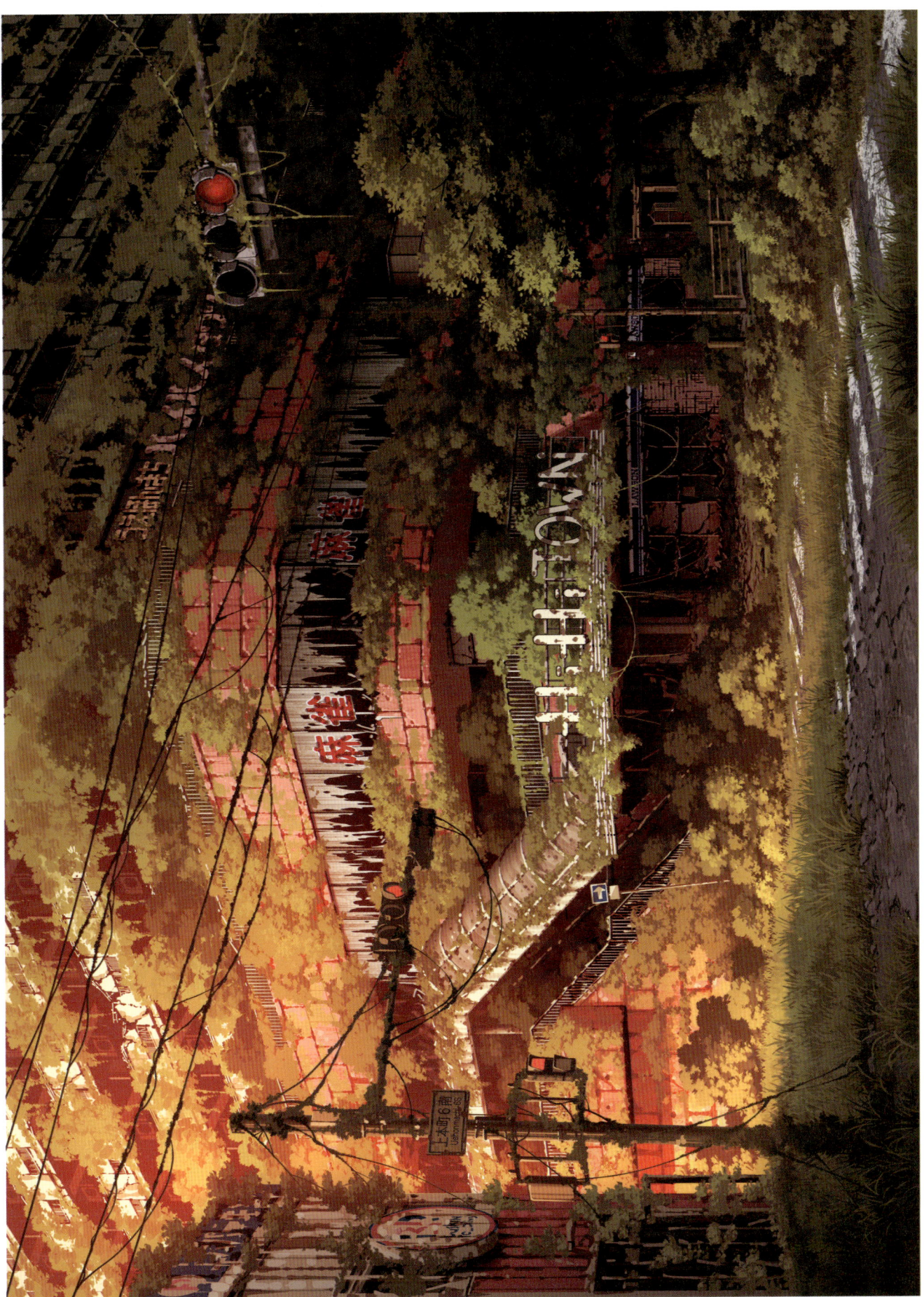

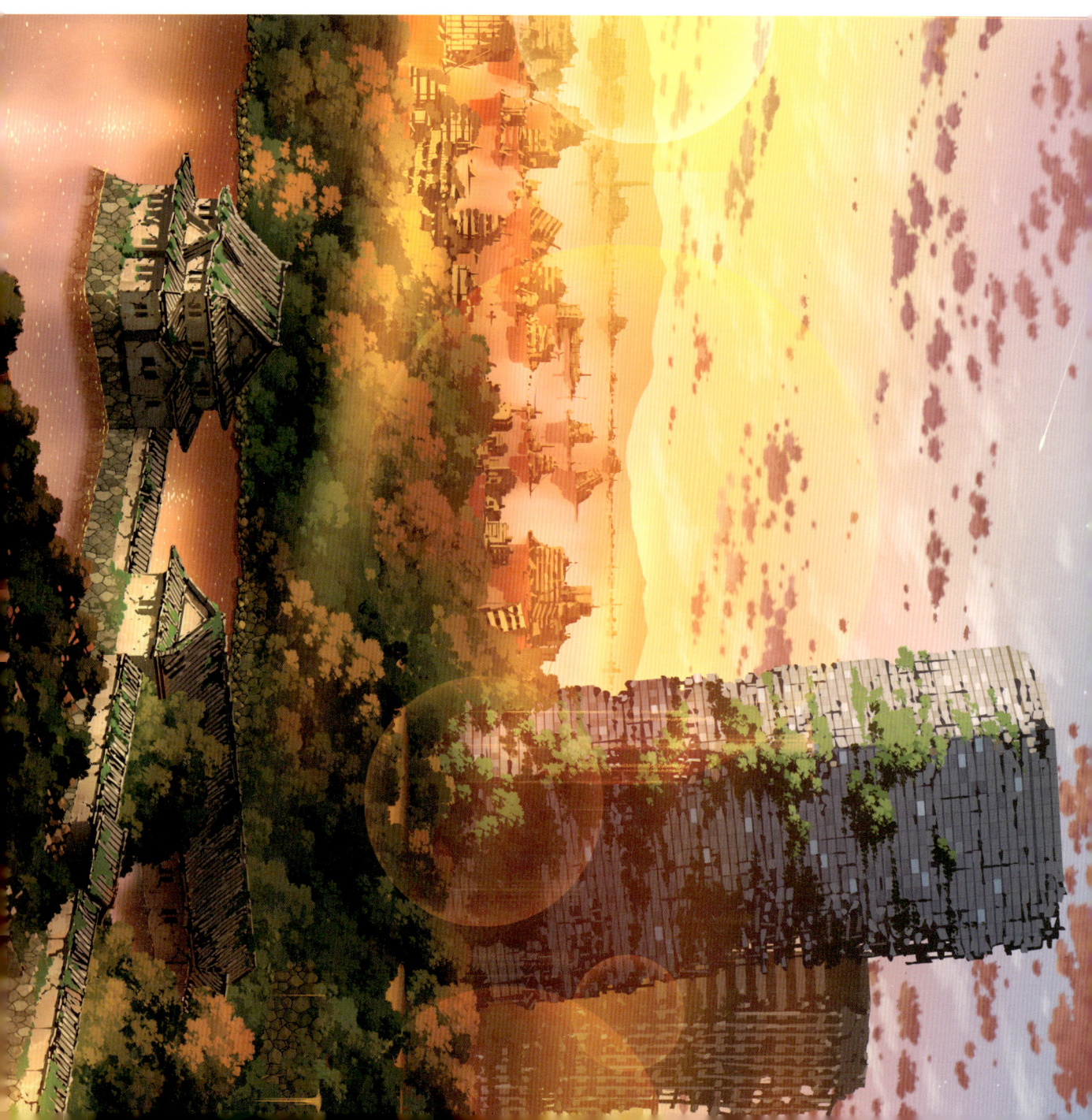

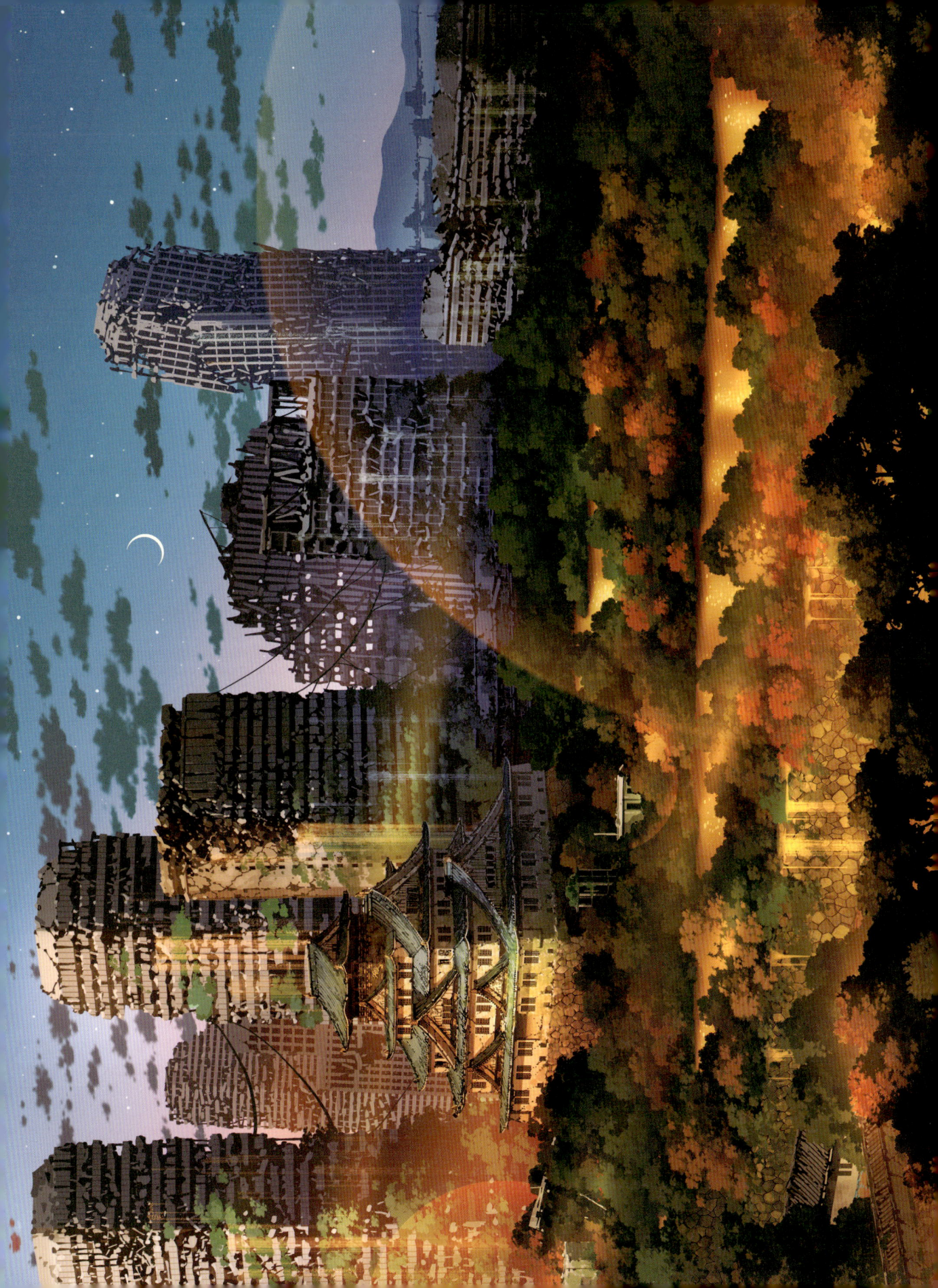

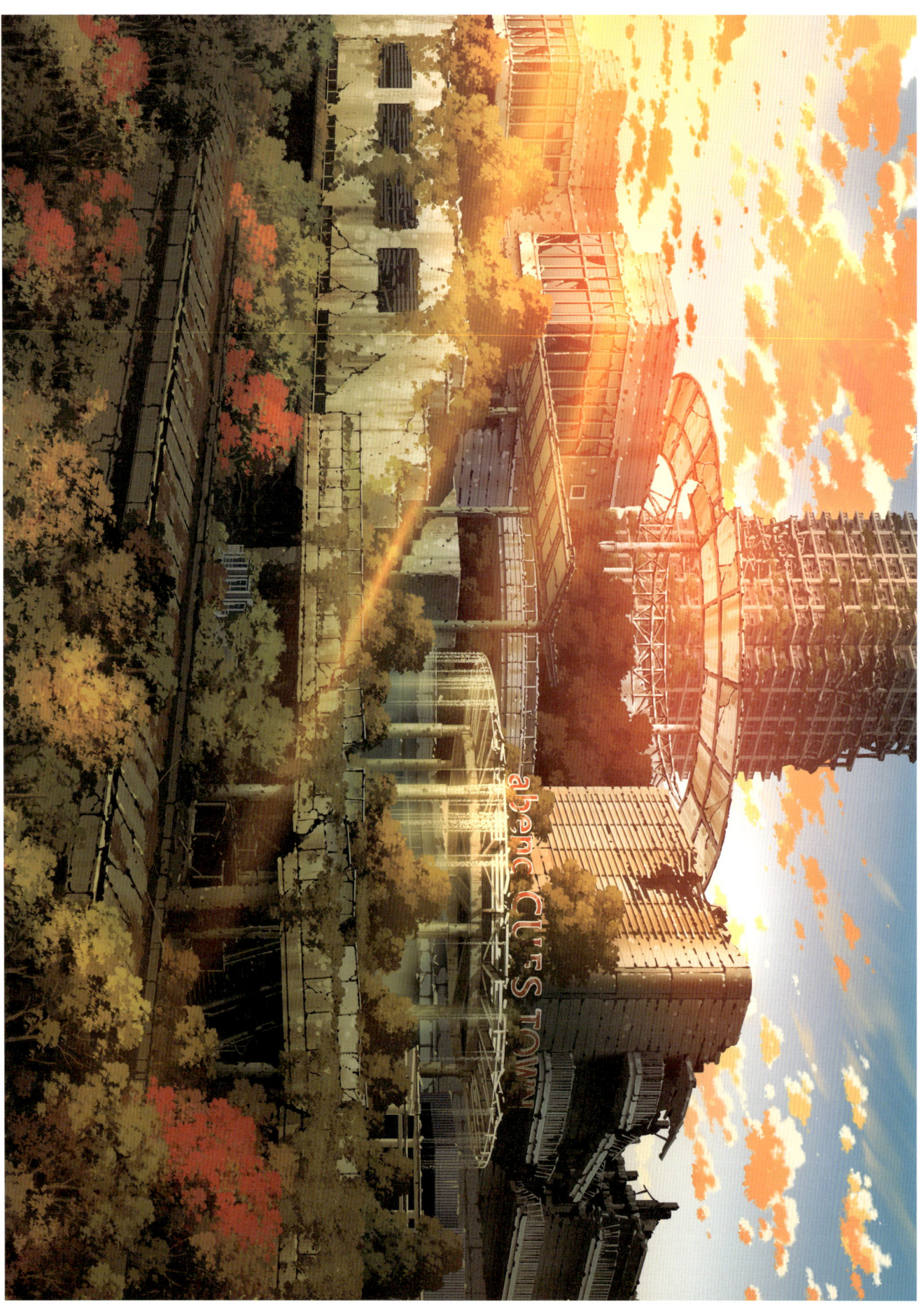

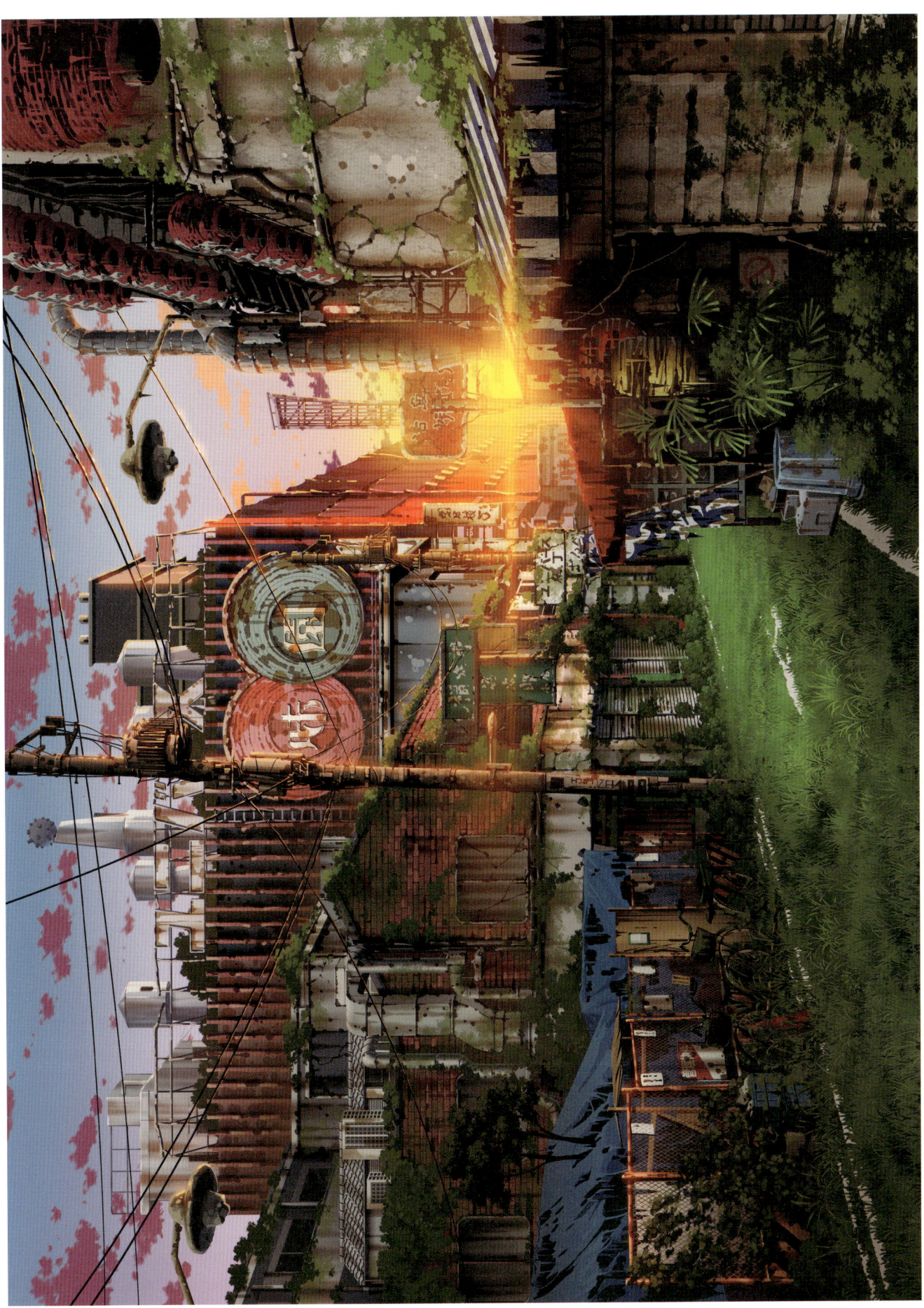

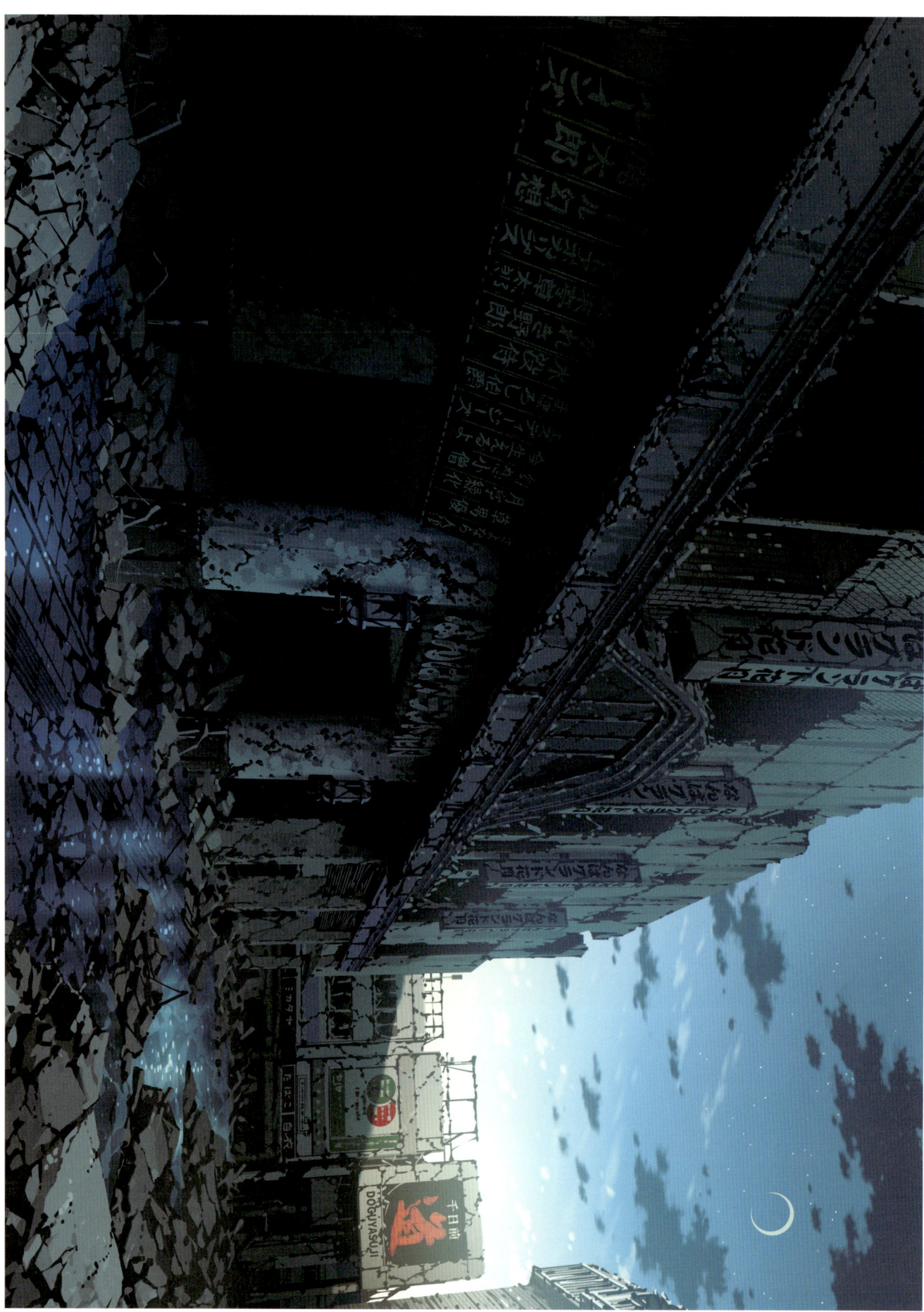

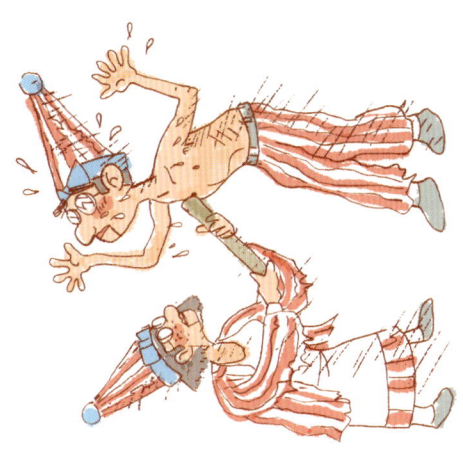

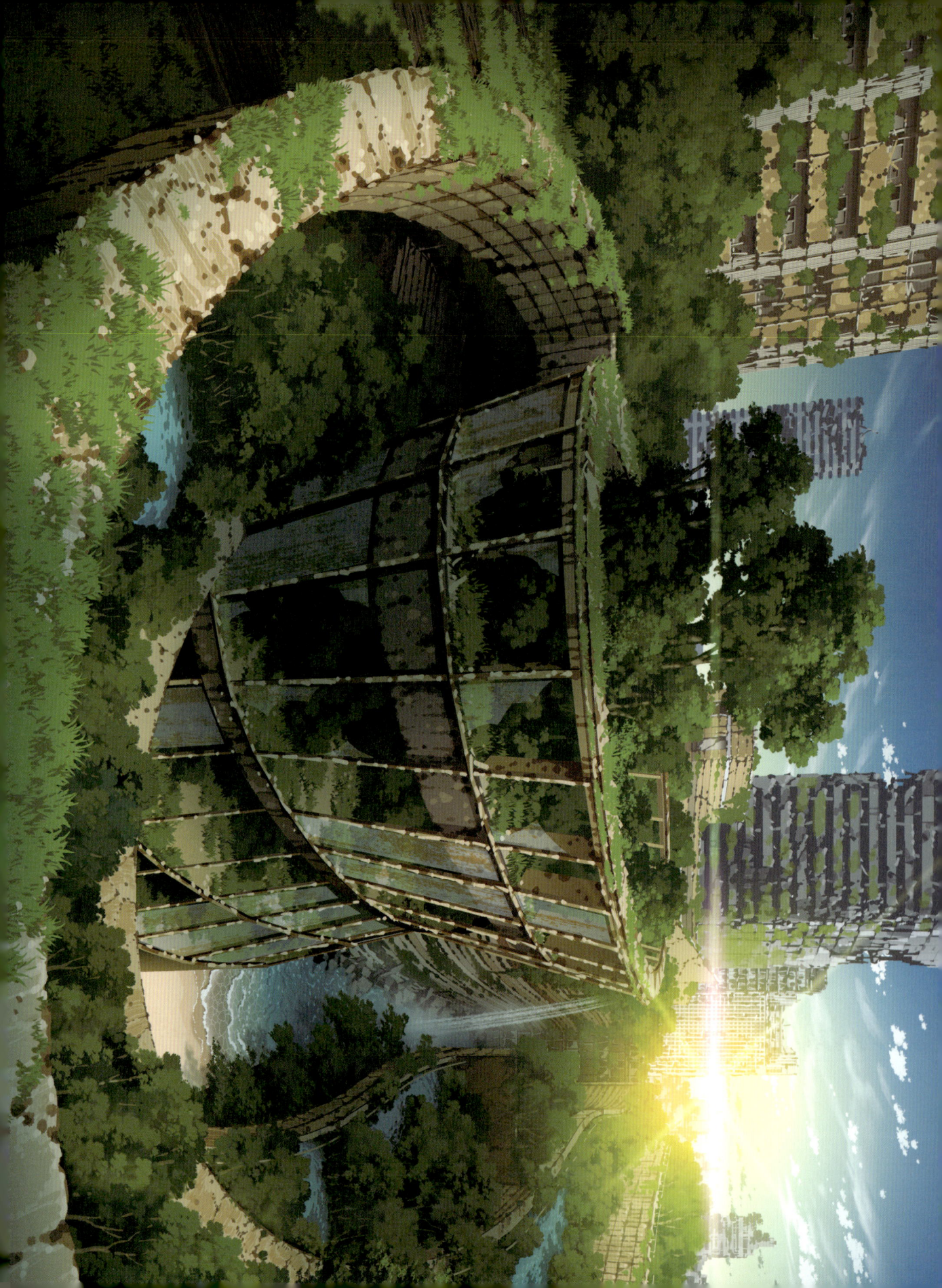

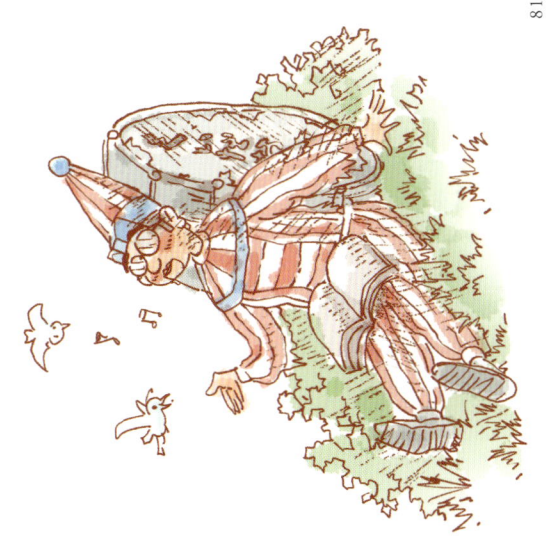

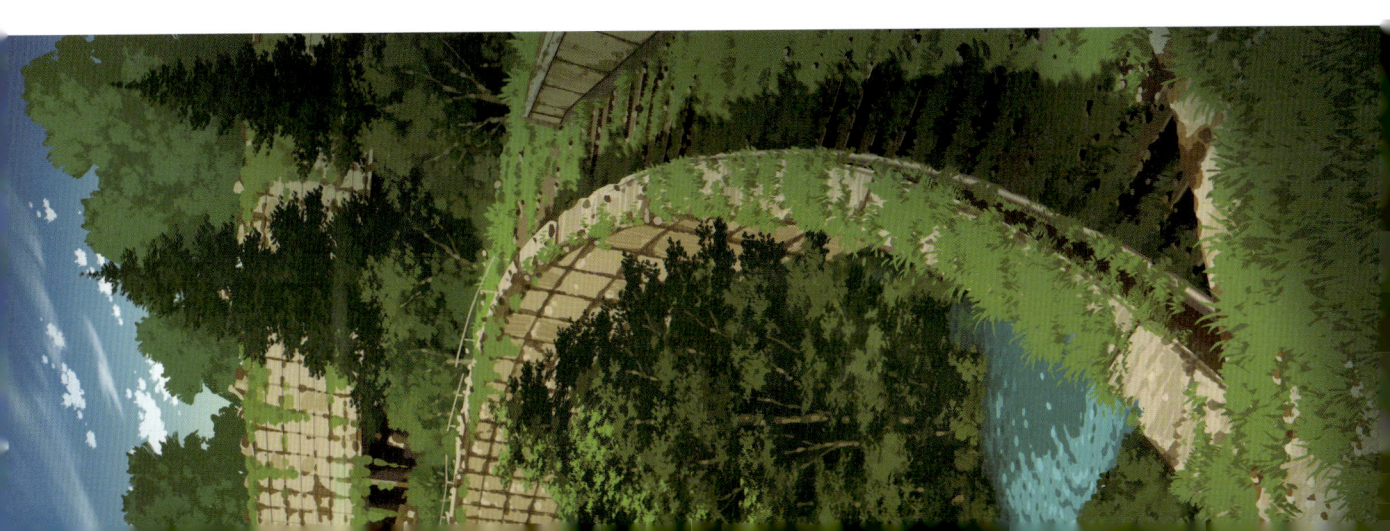

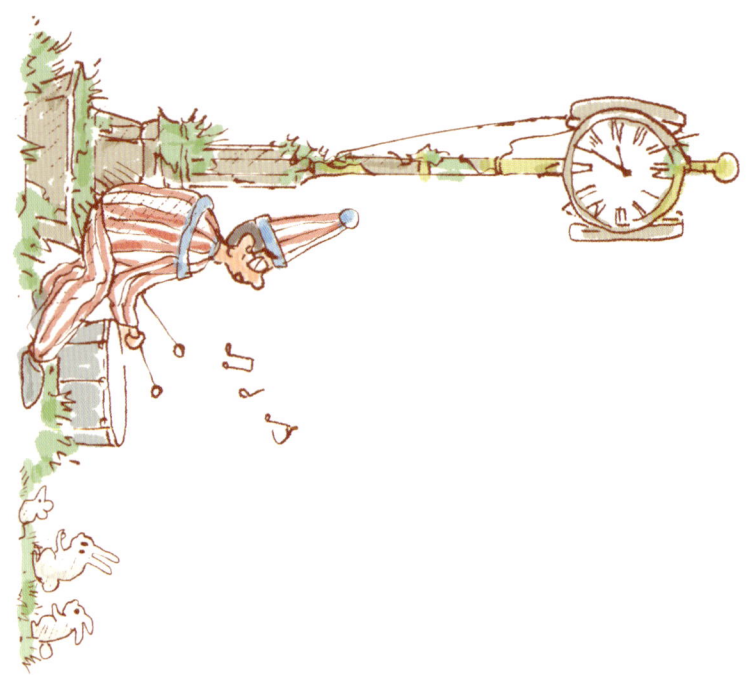

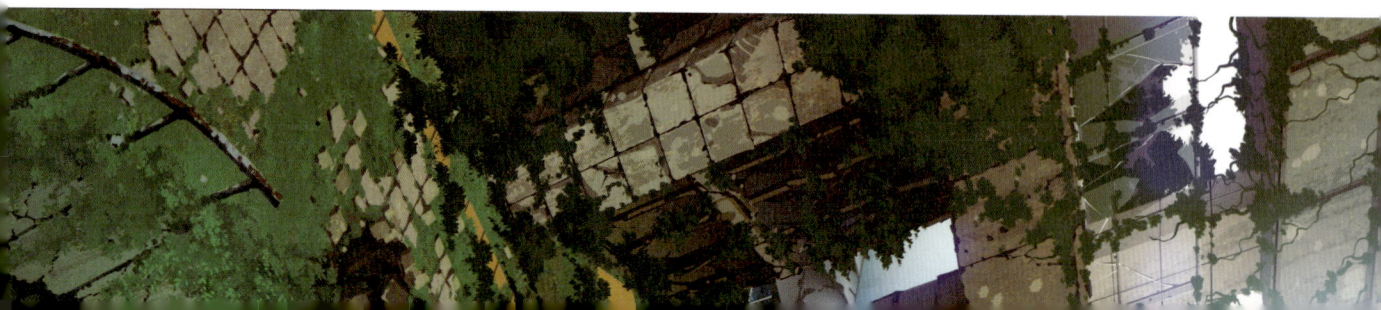

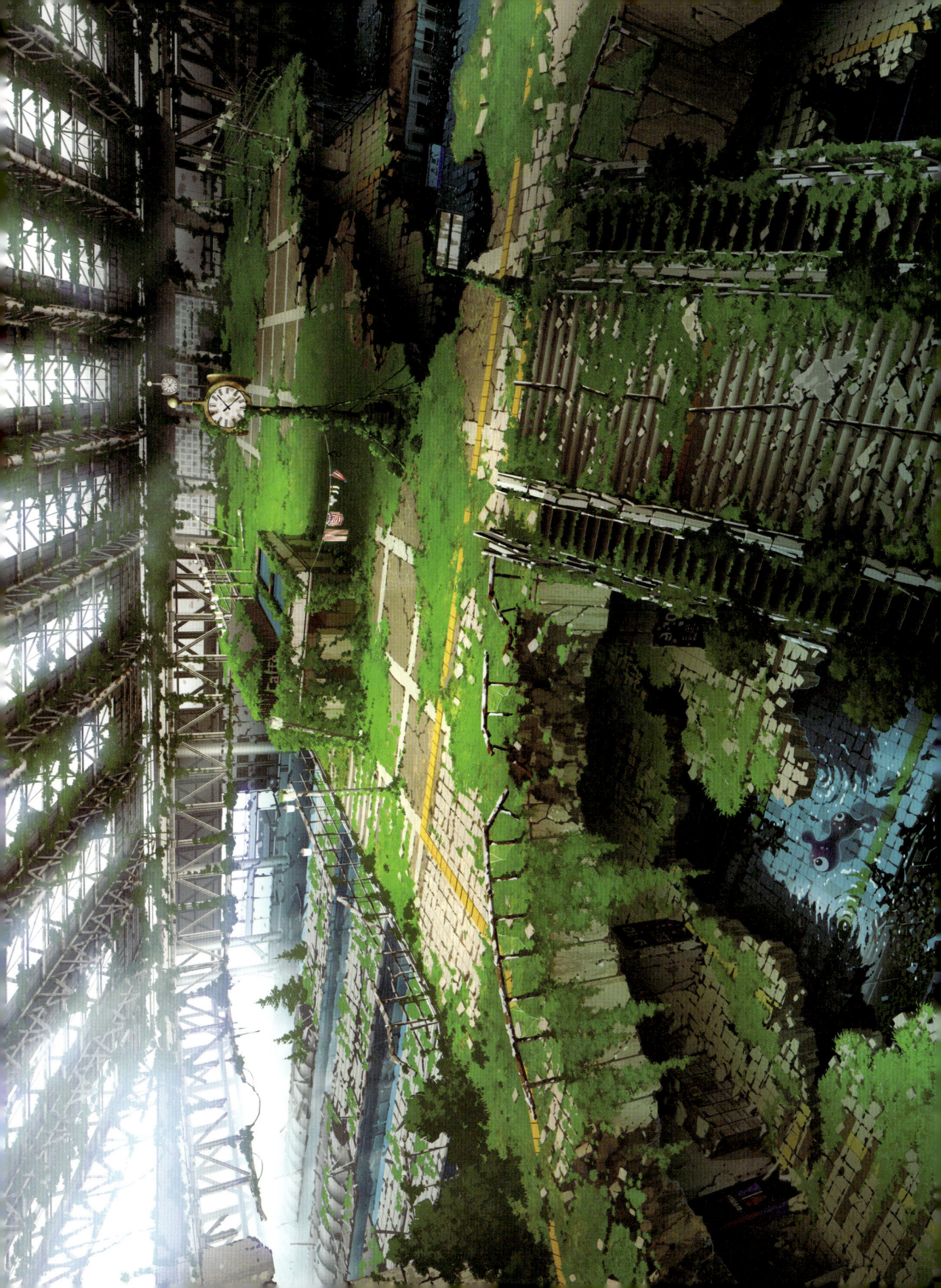

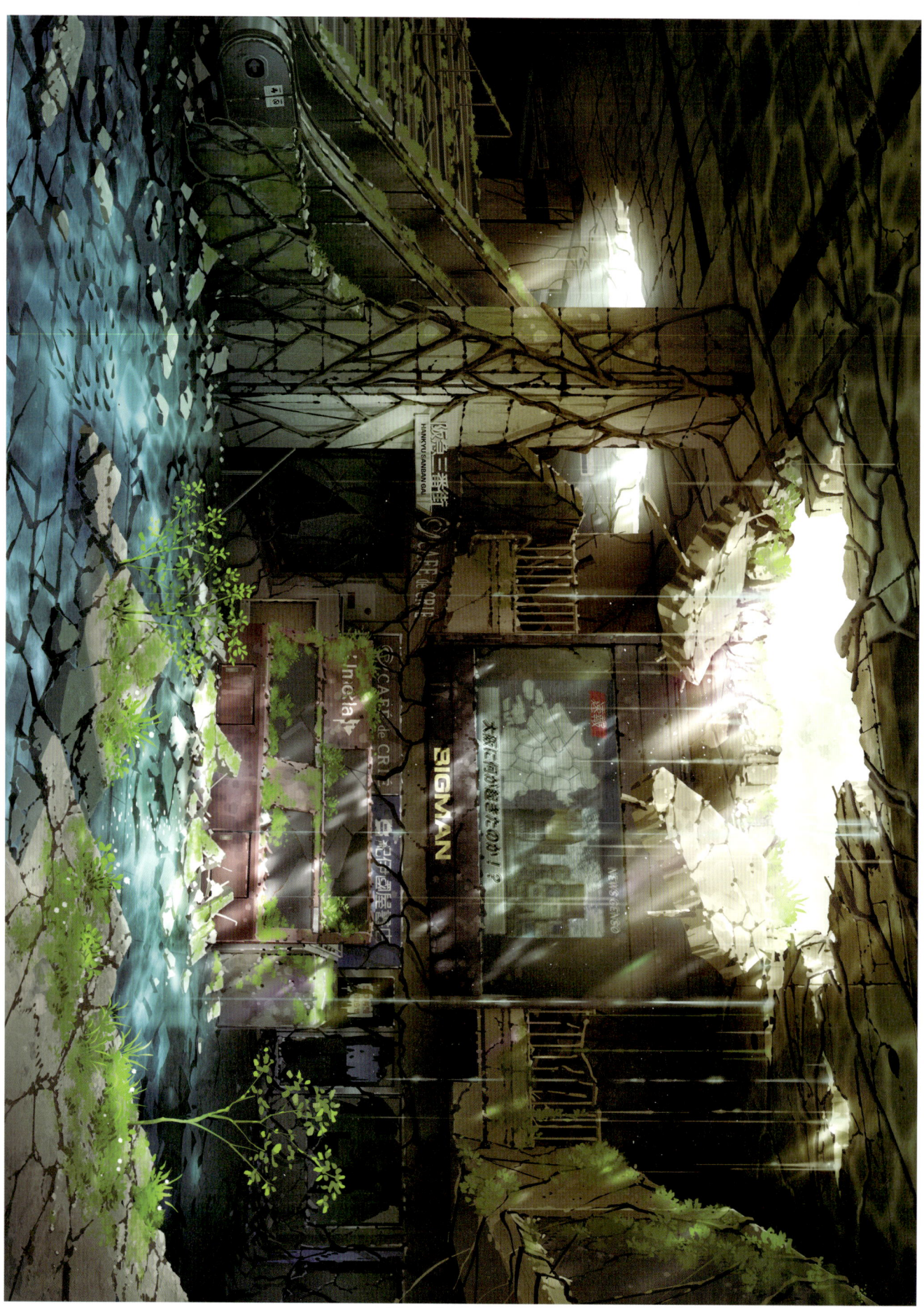

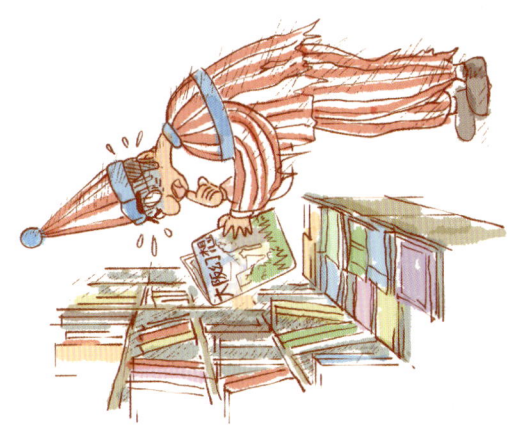

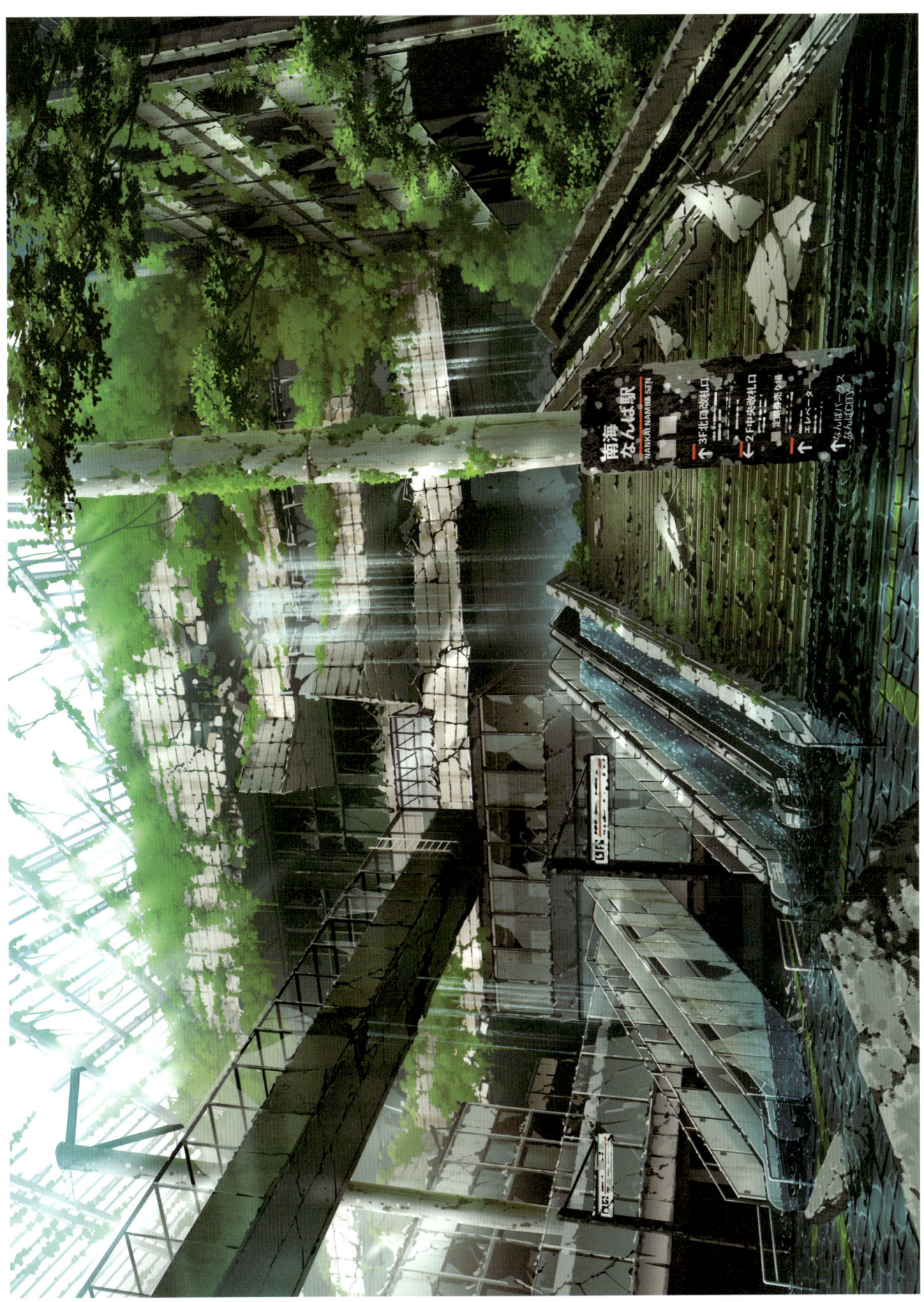

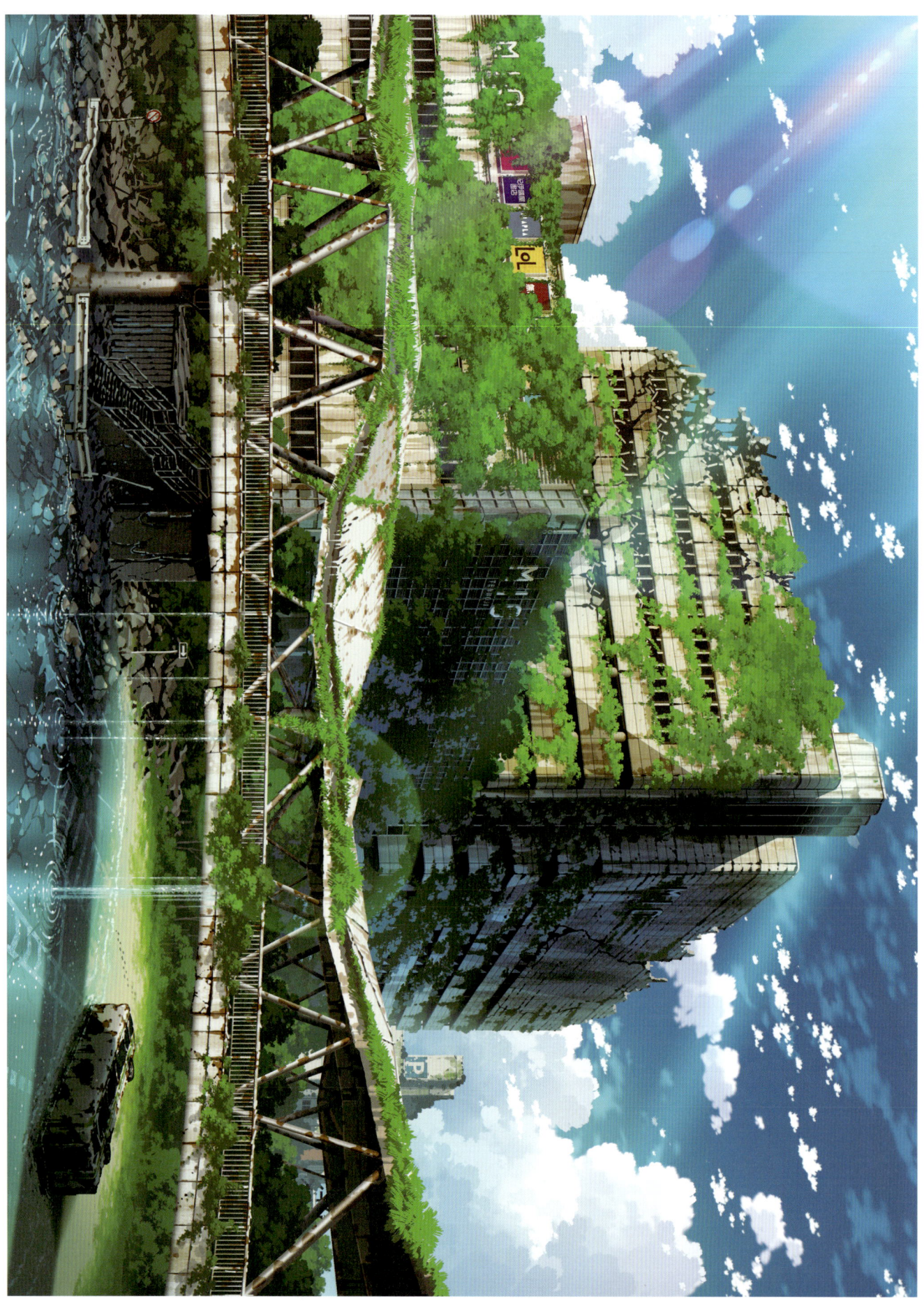

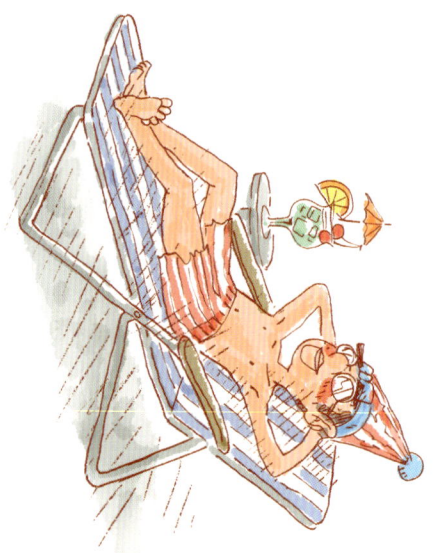

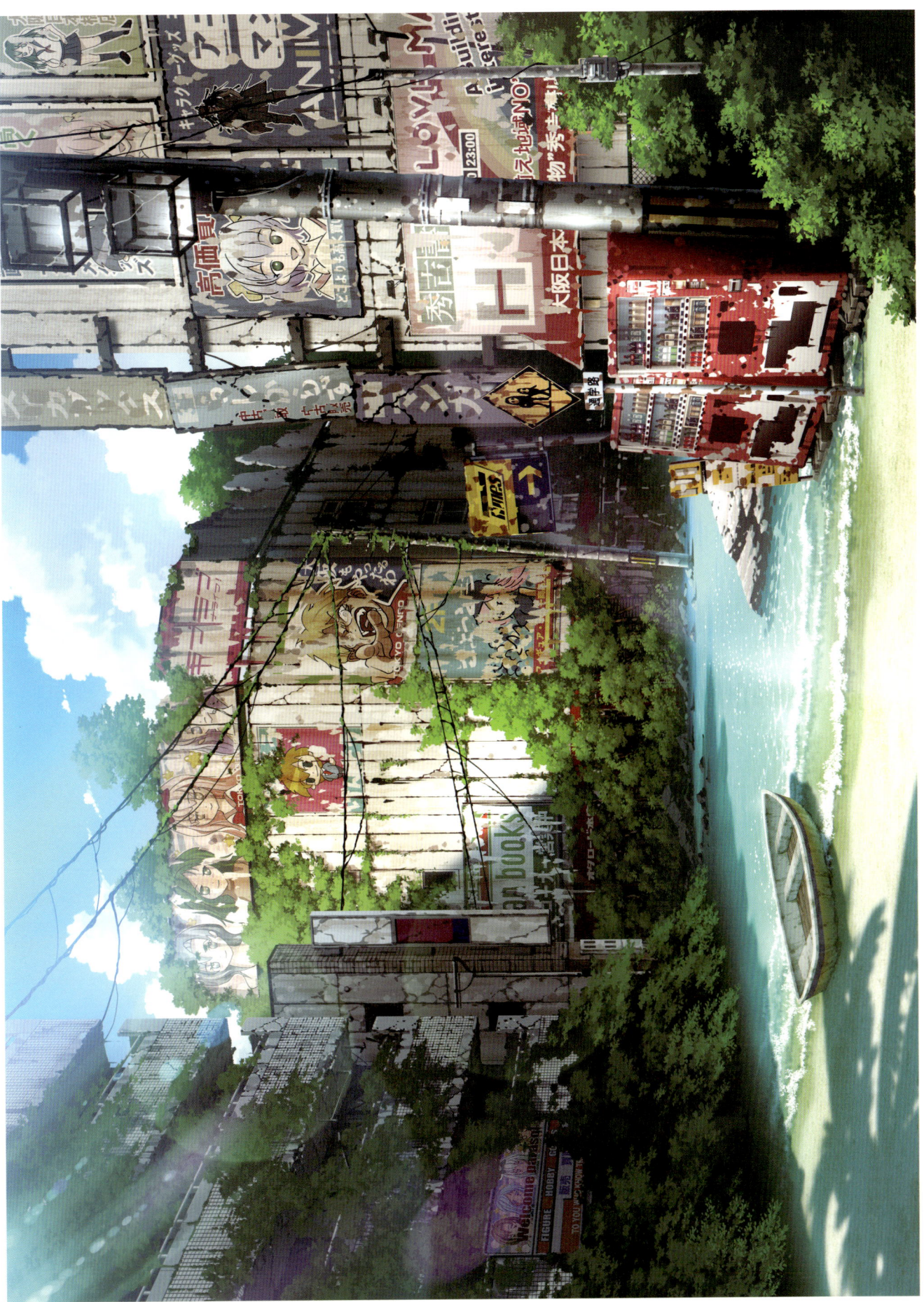

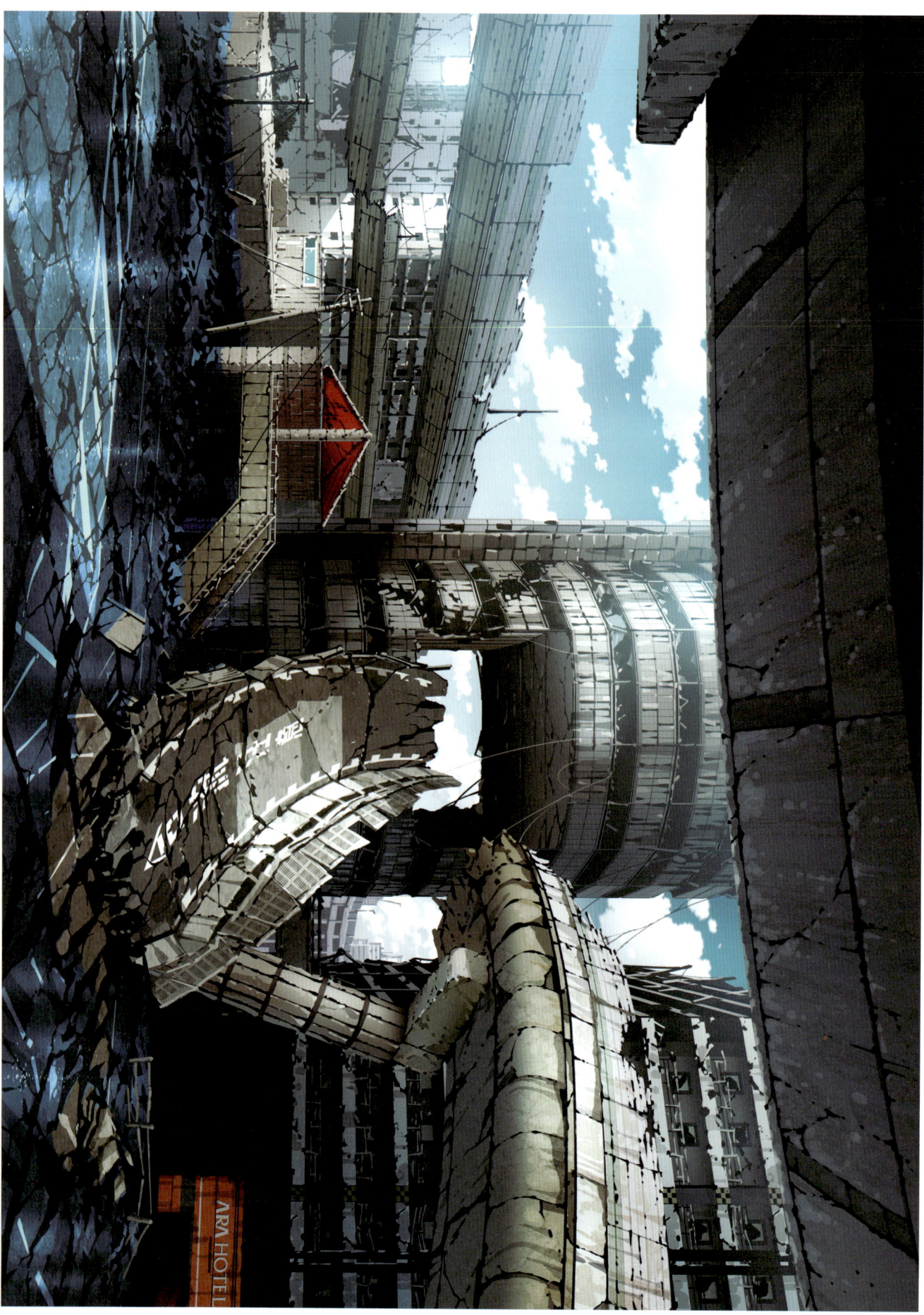

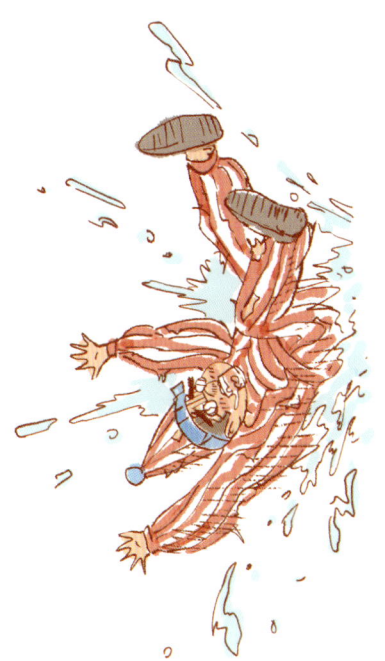

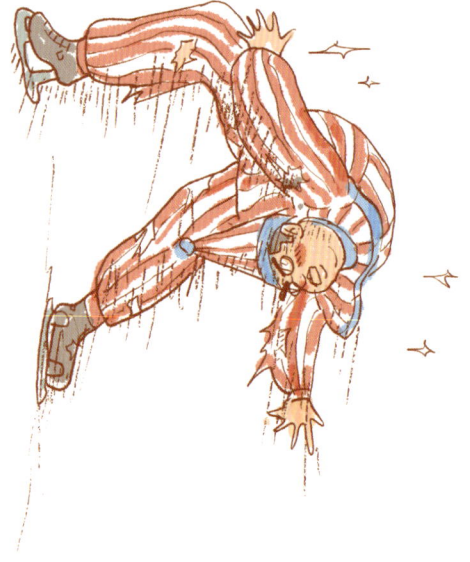

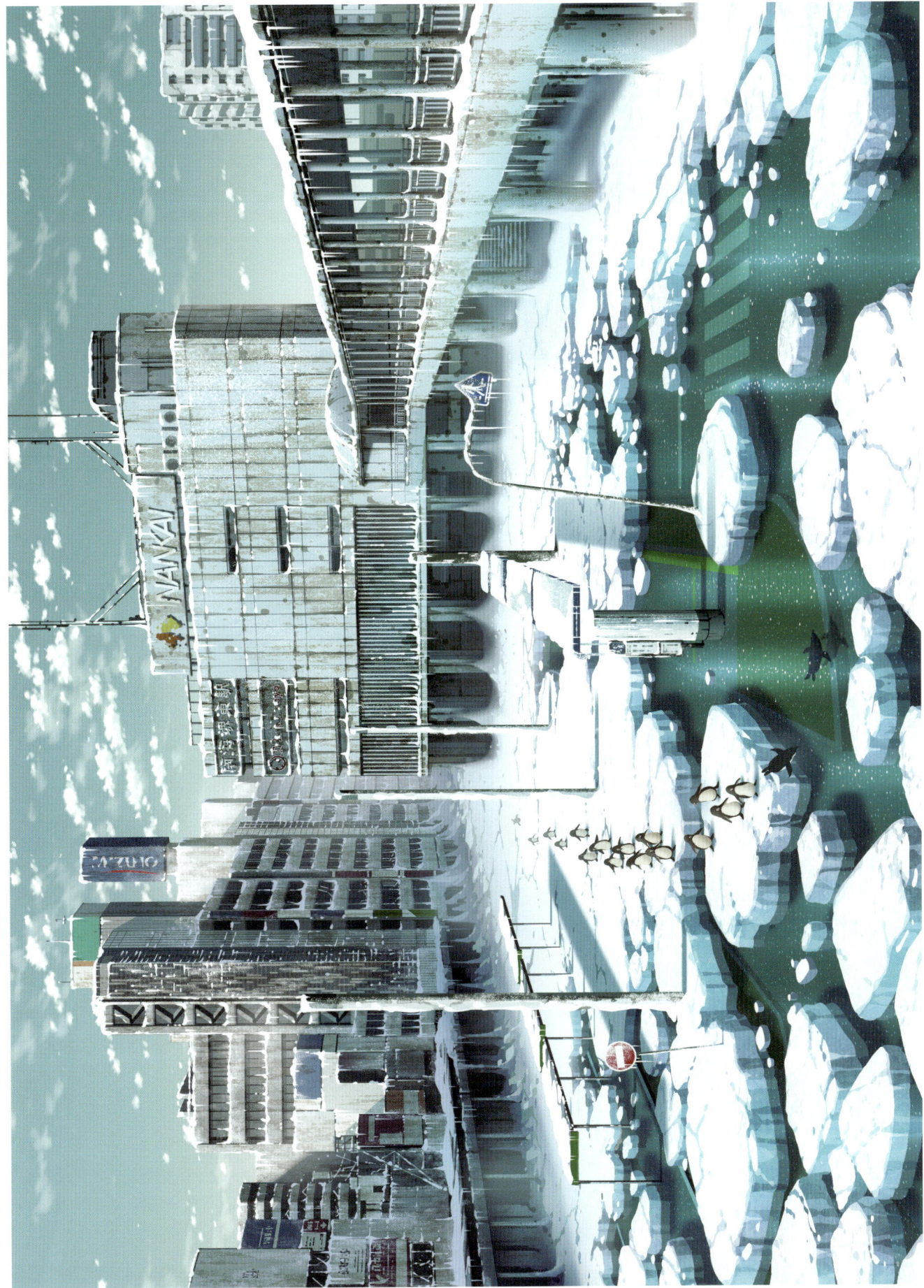

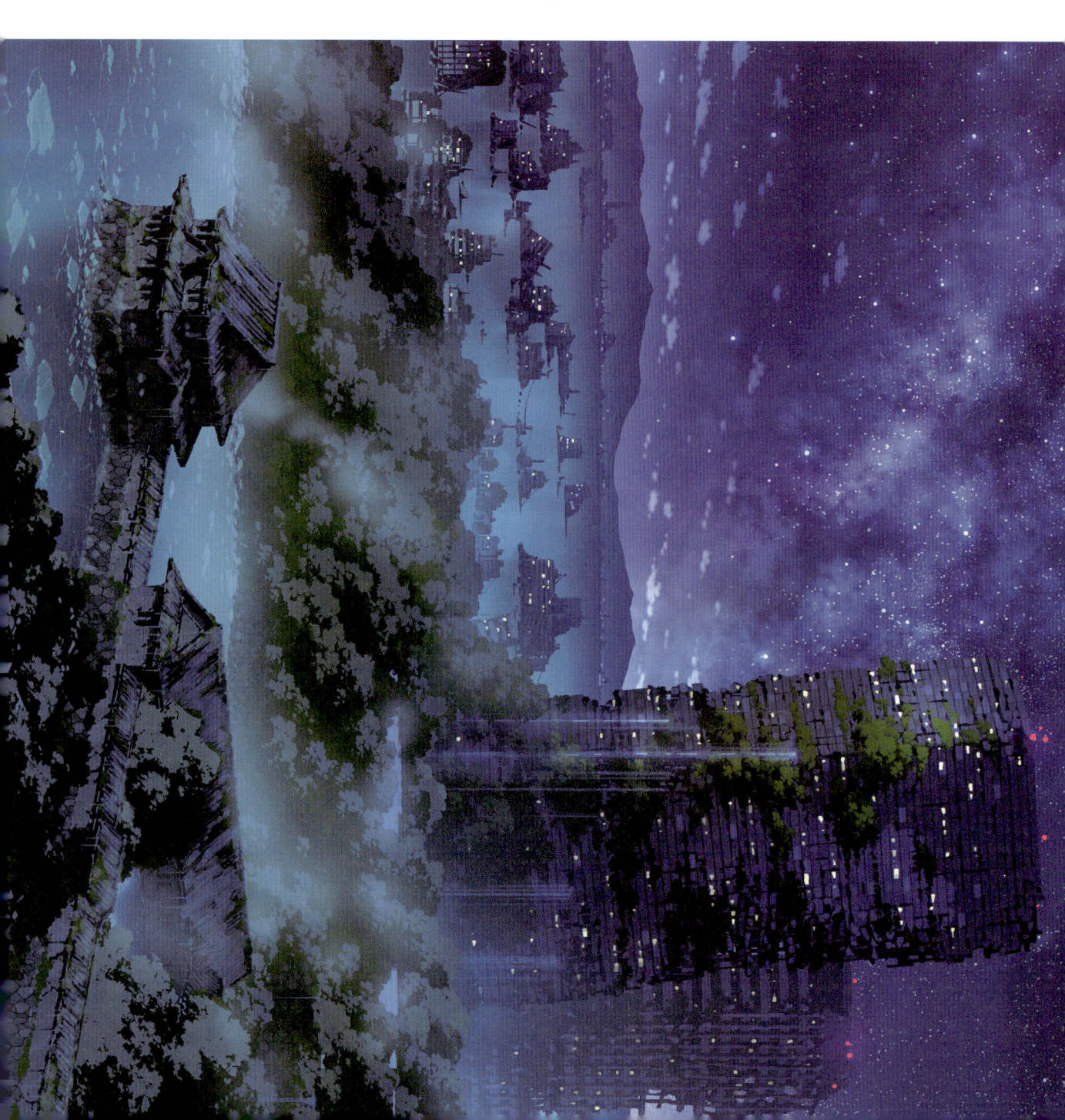

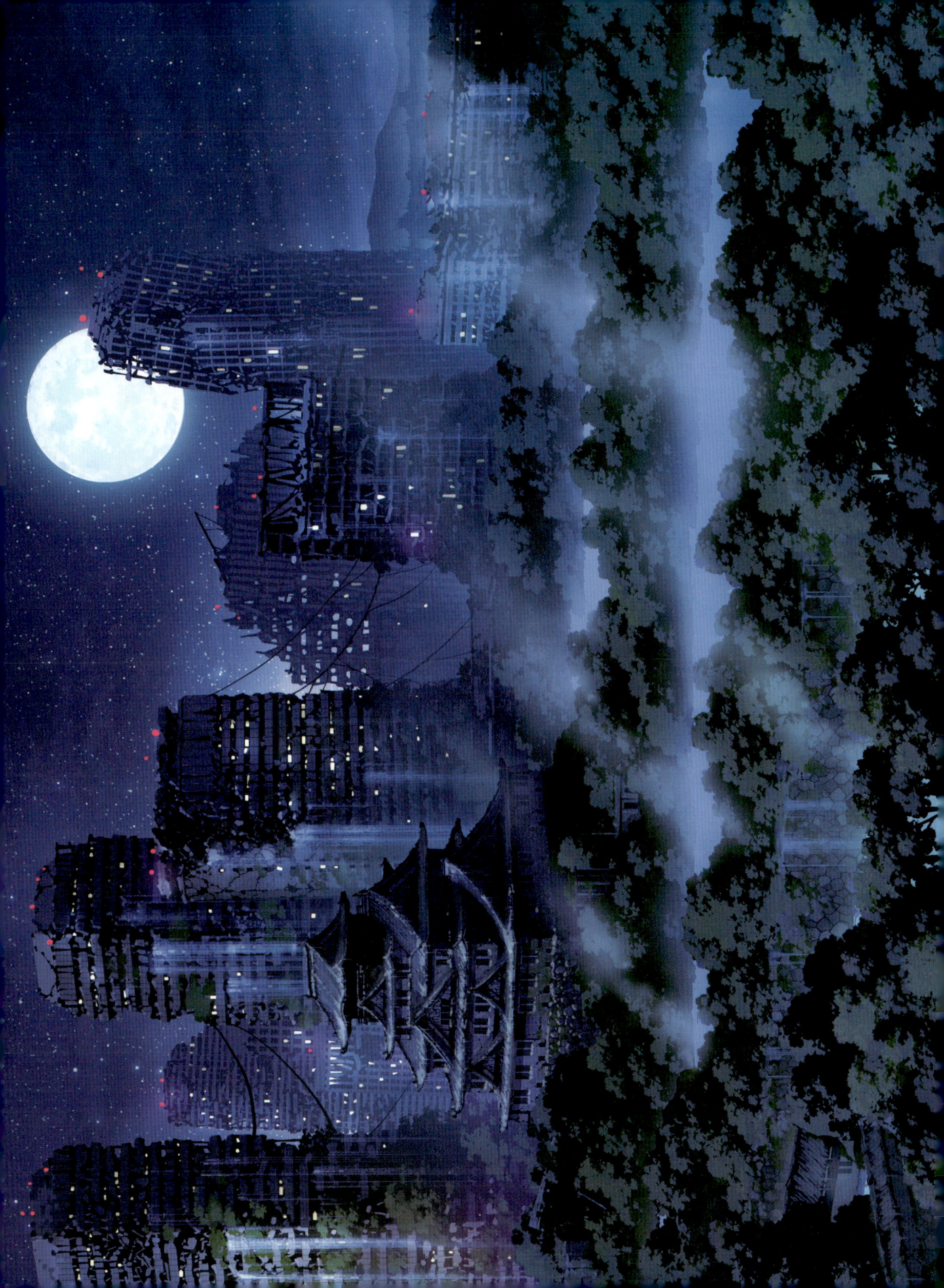

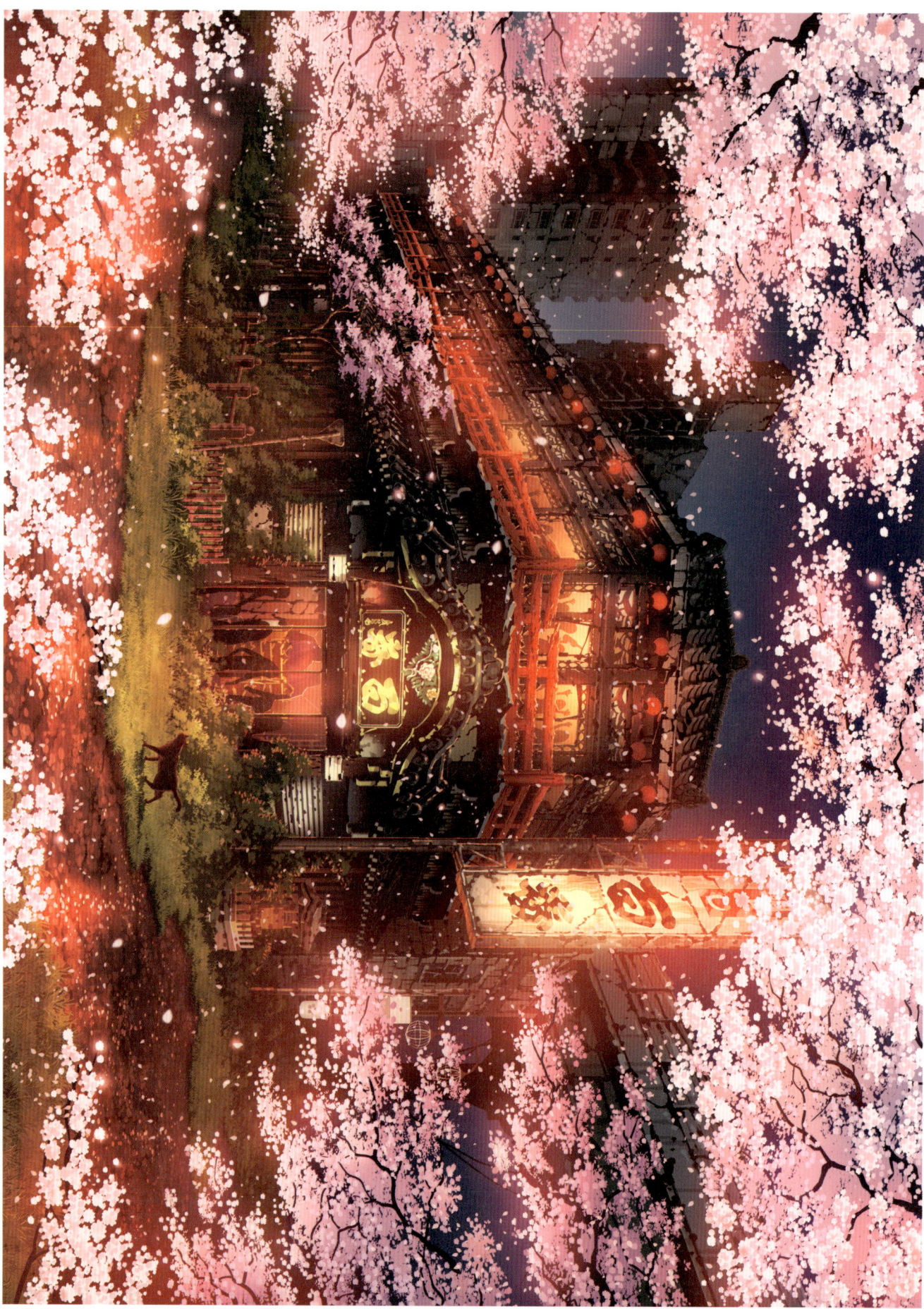

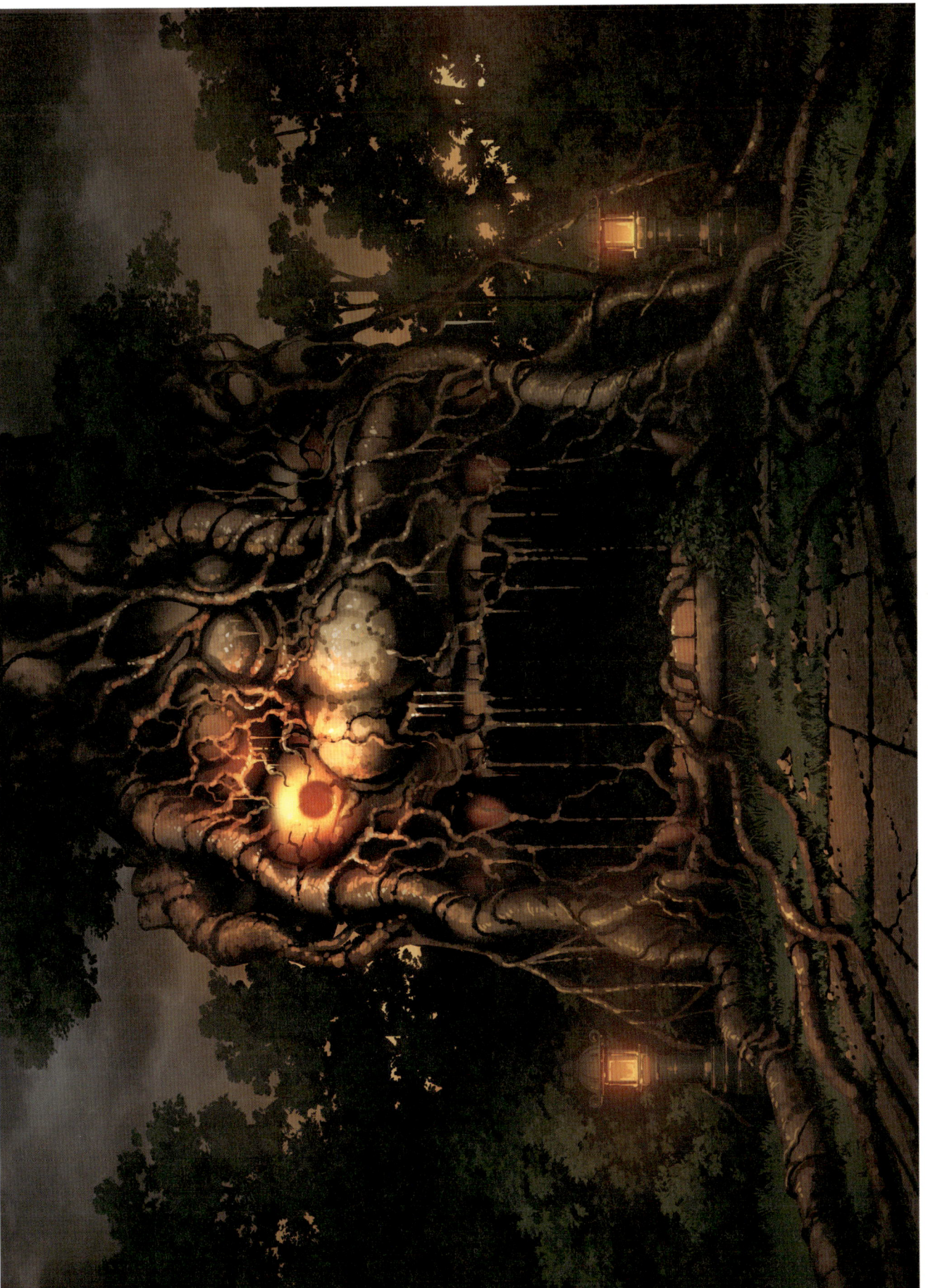

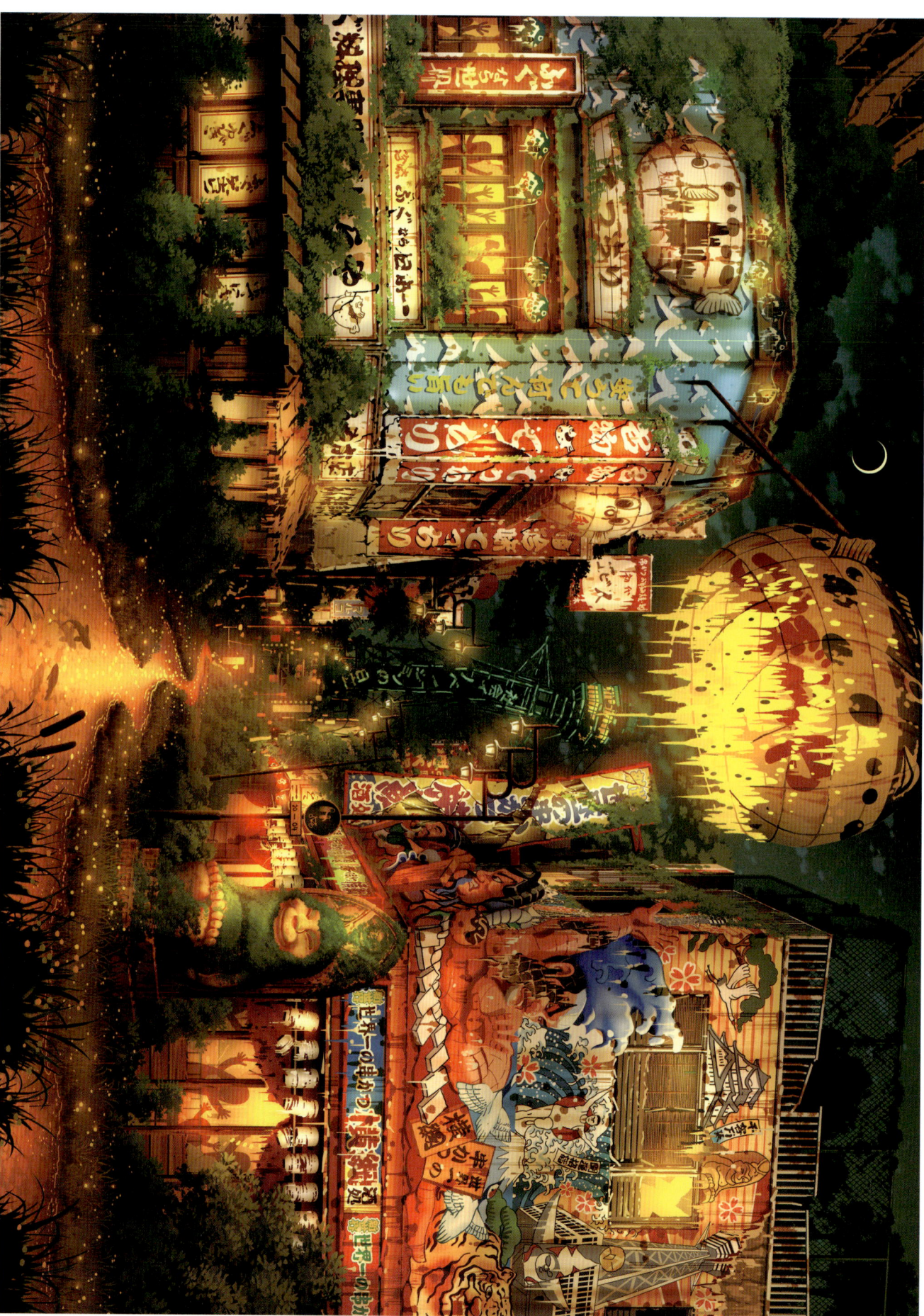

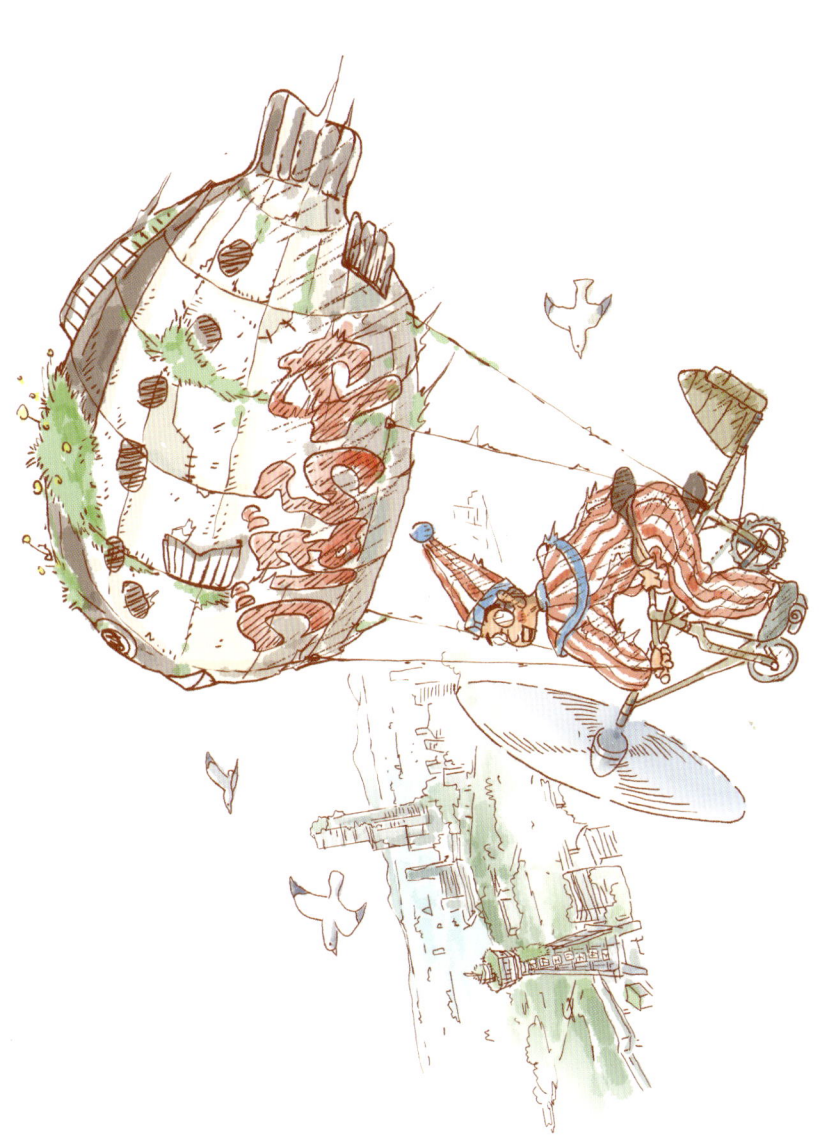

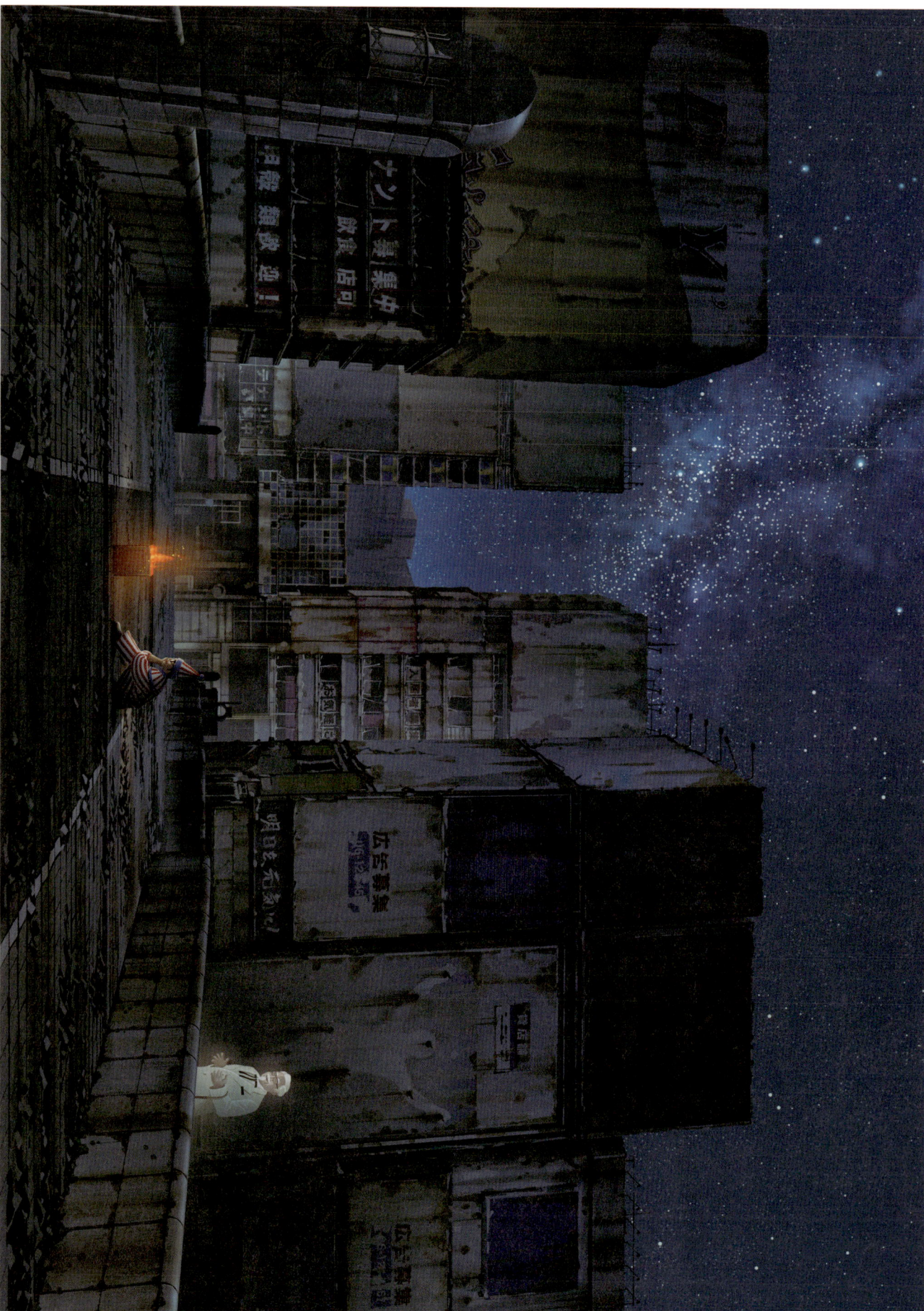

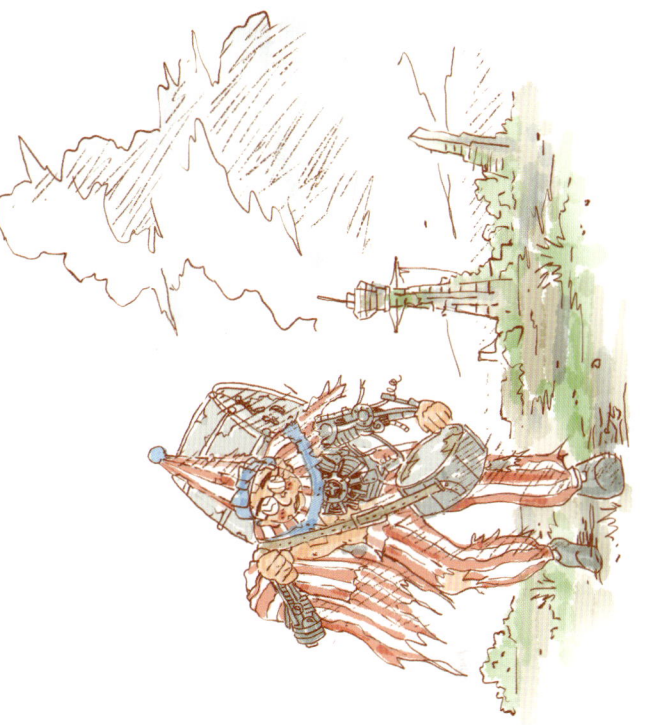

京都幻想

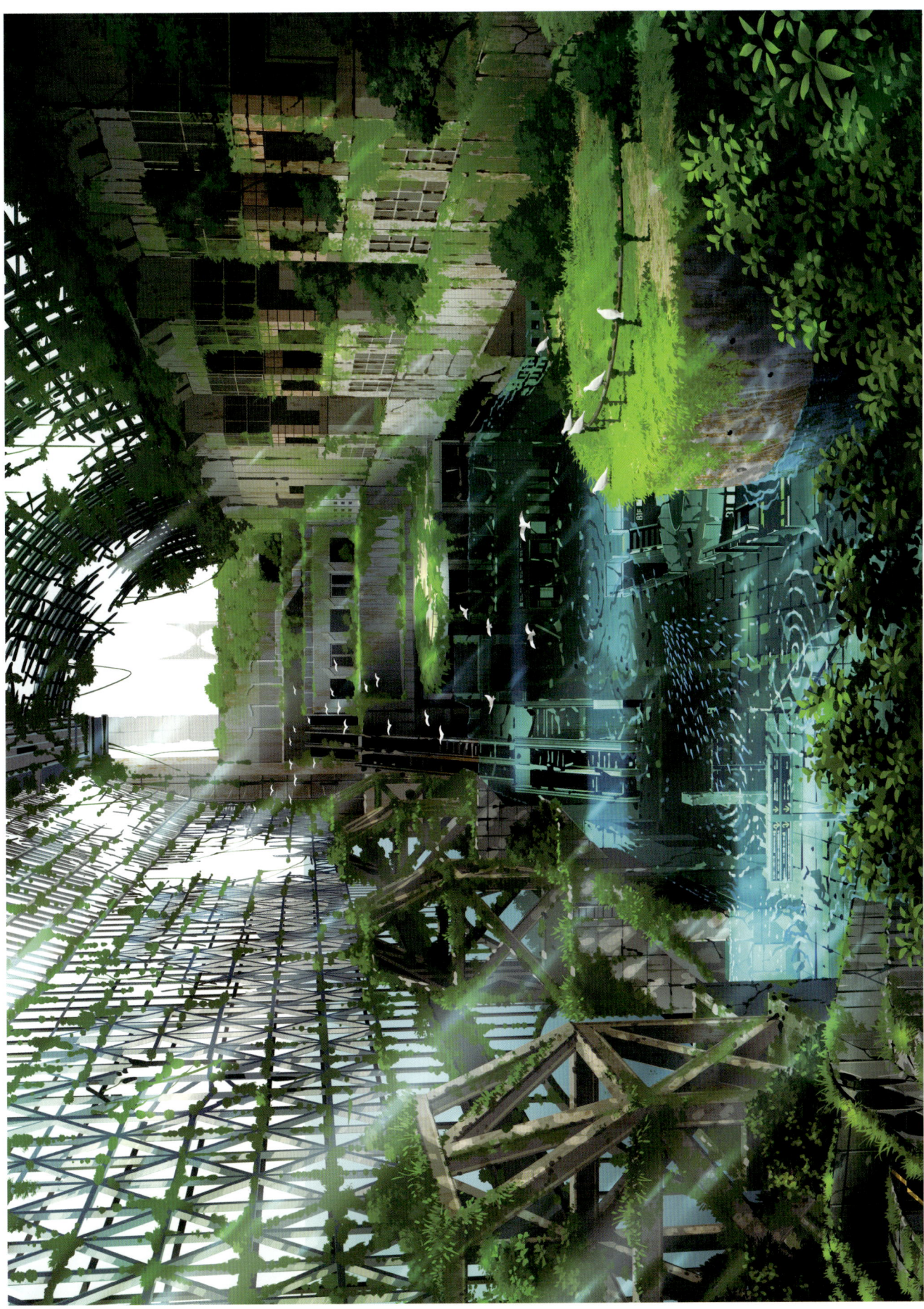

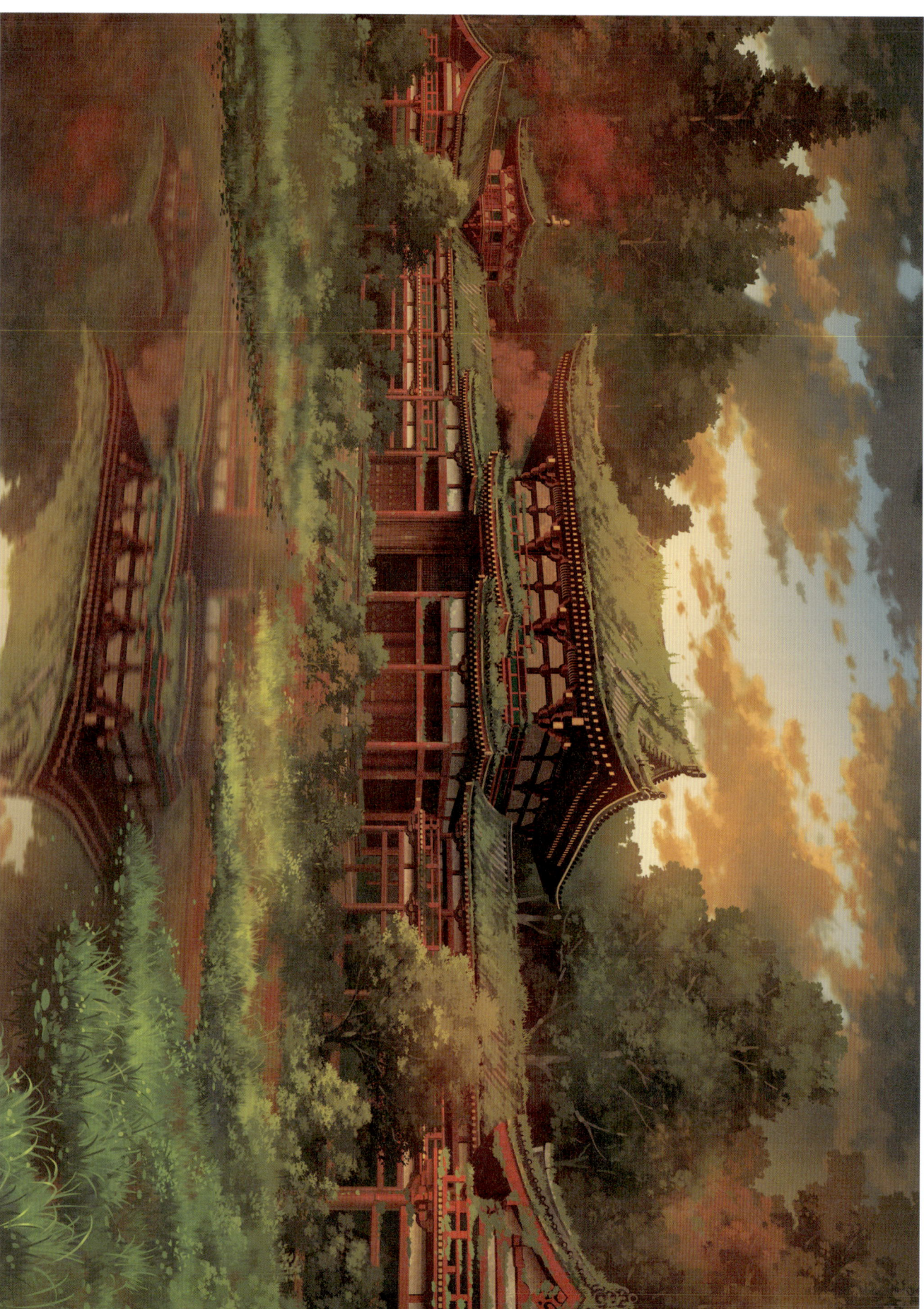

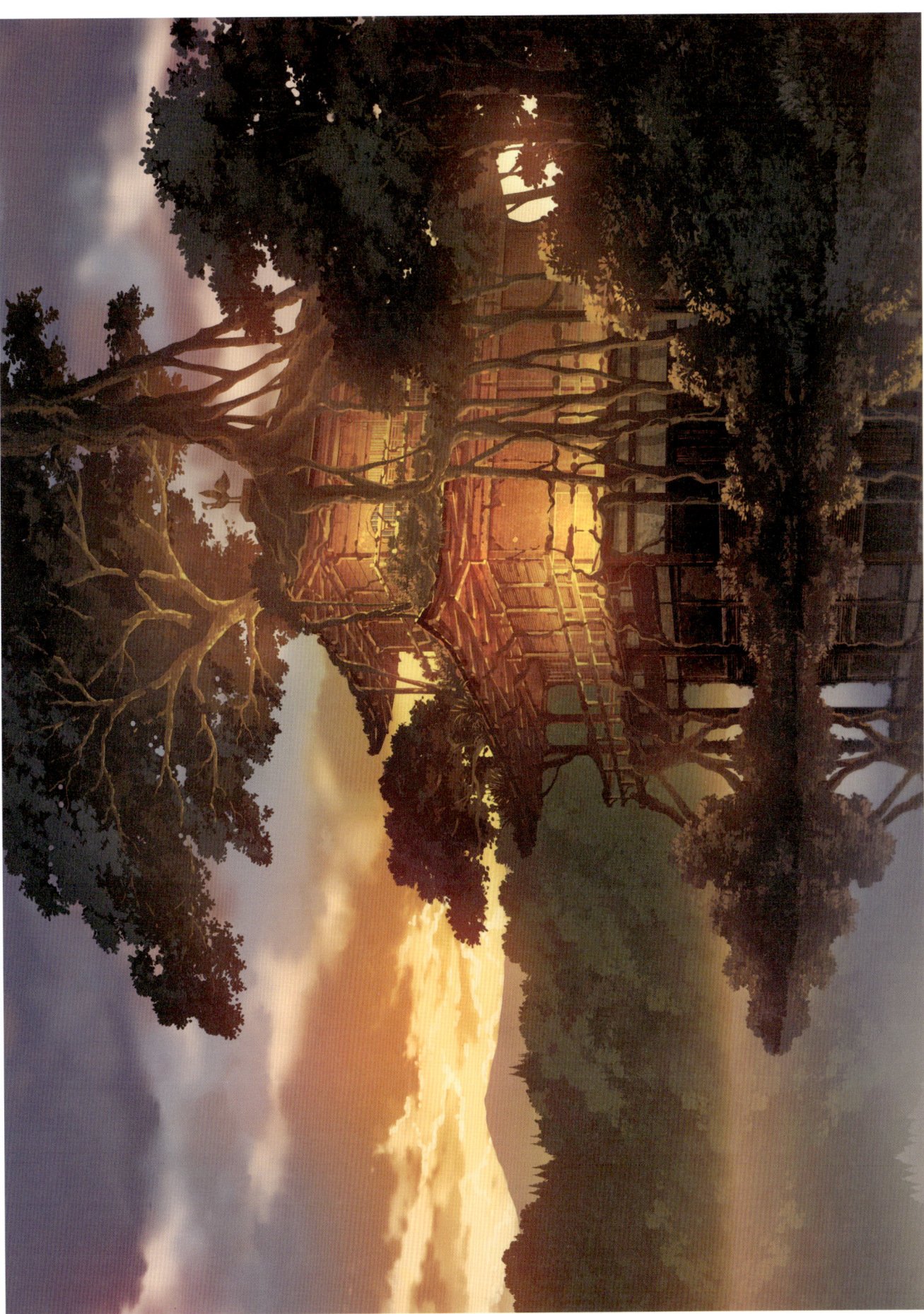

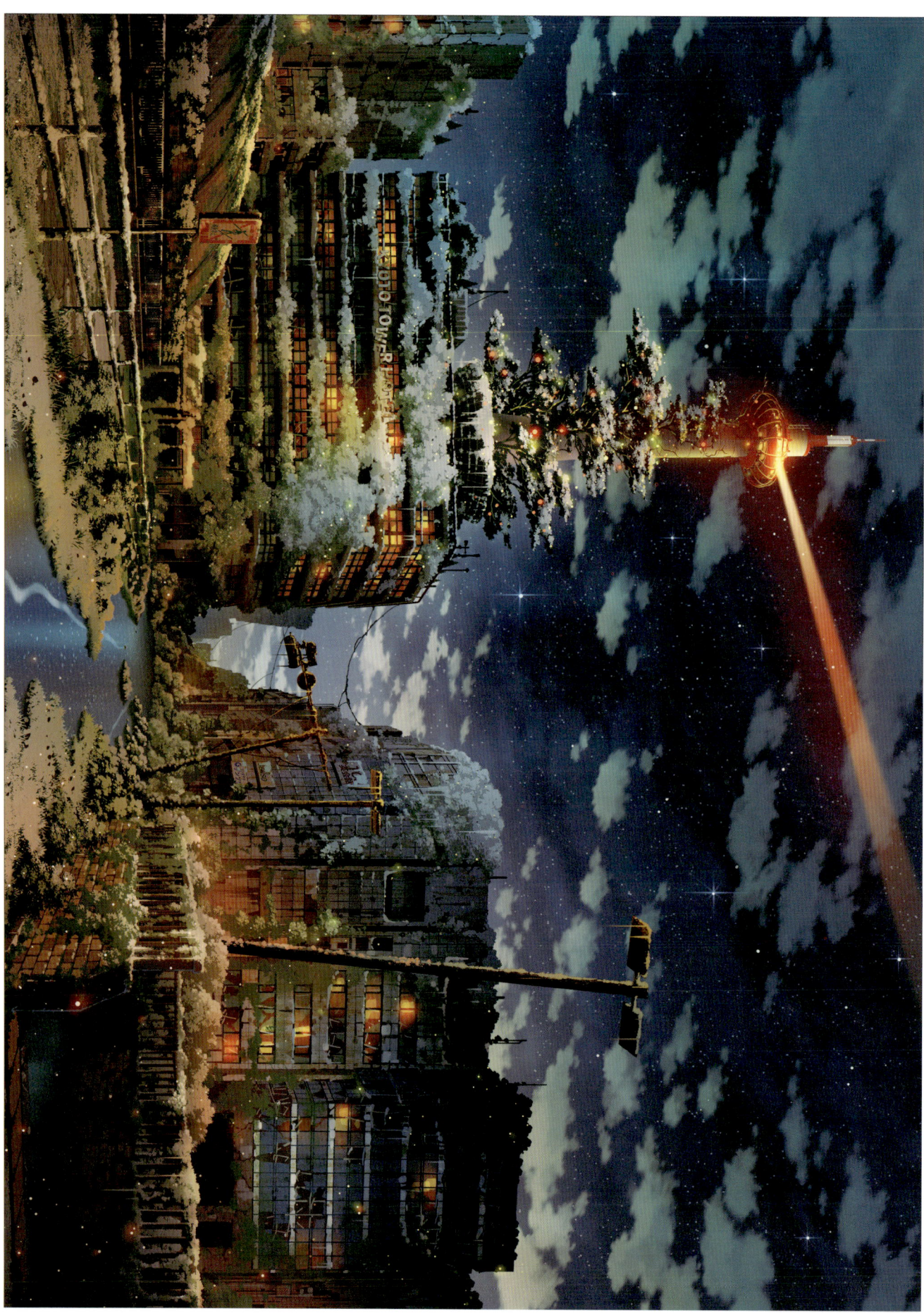

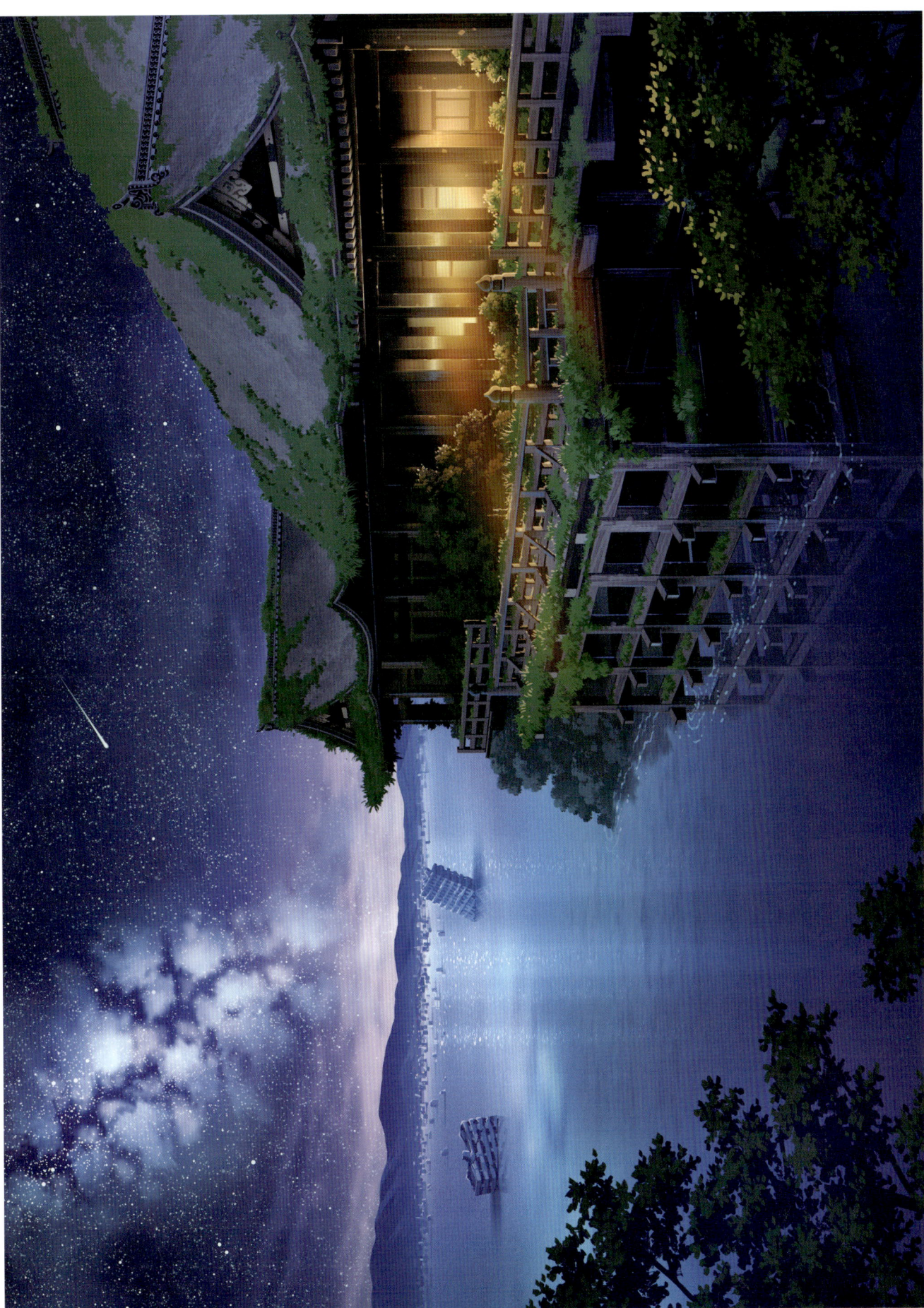

兵庫幻想

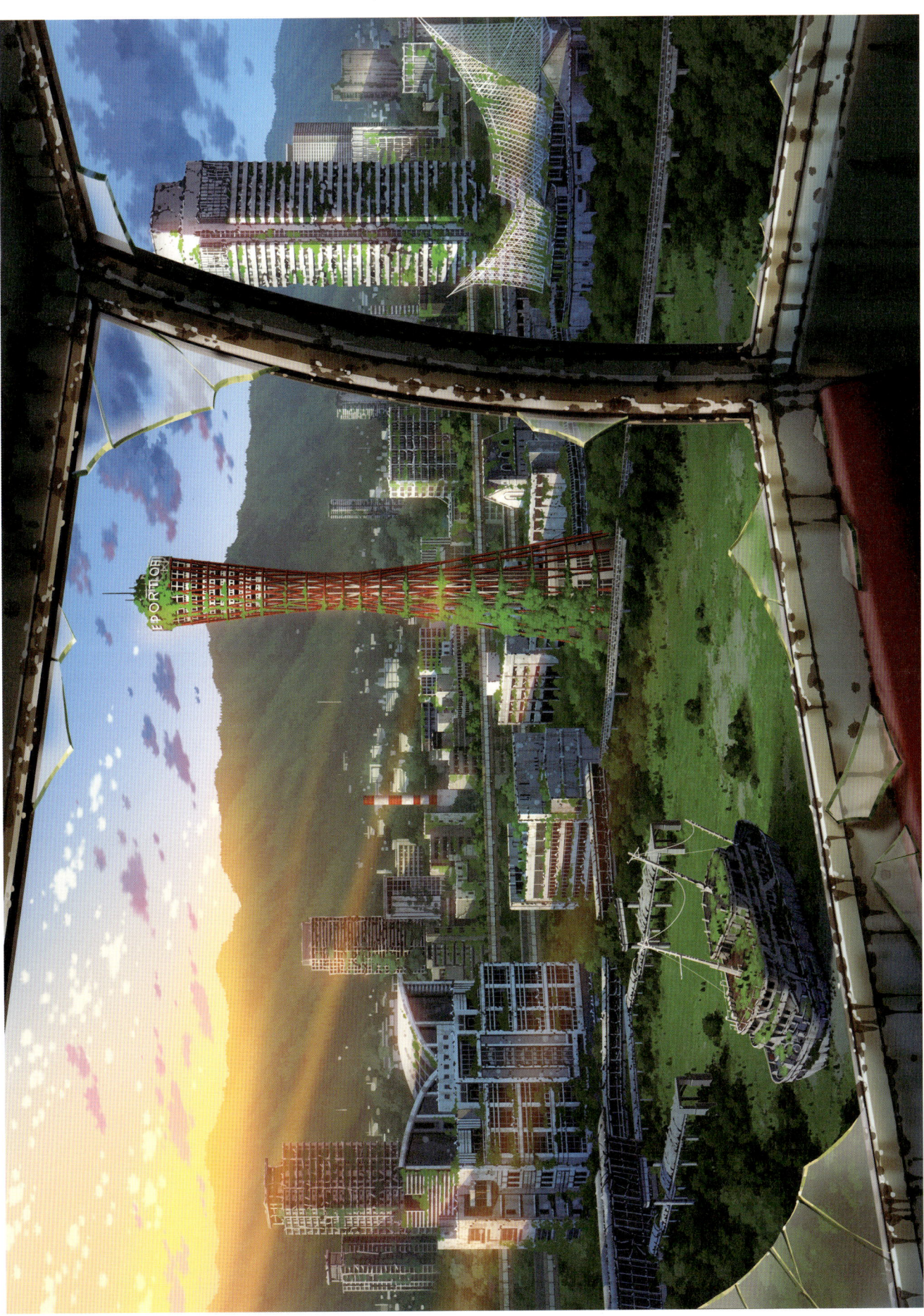

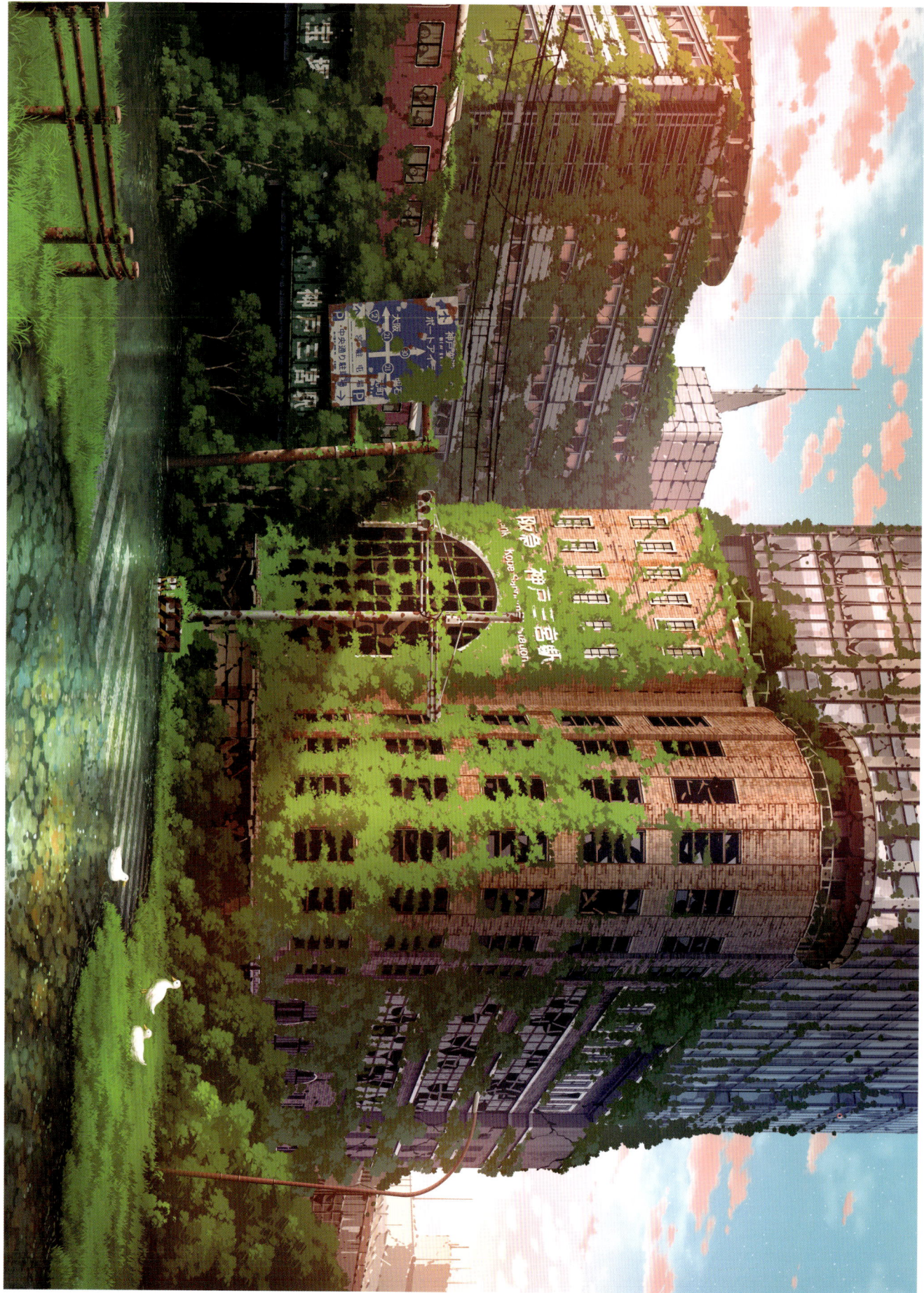

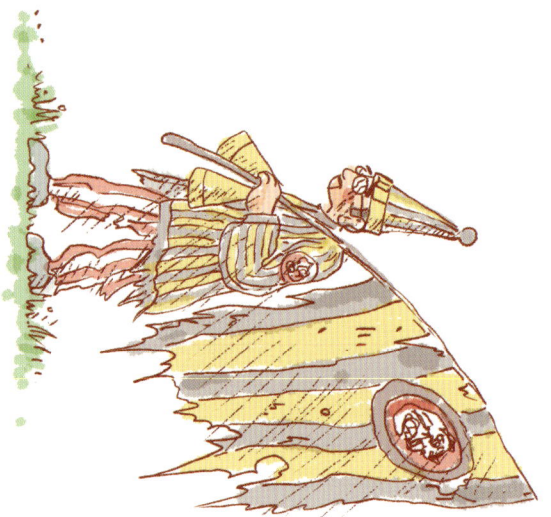

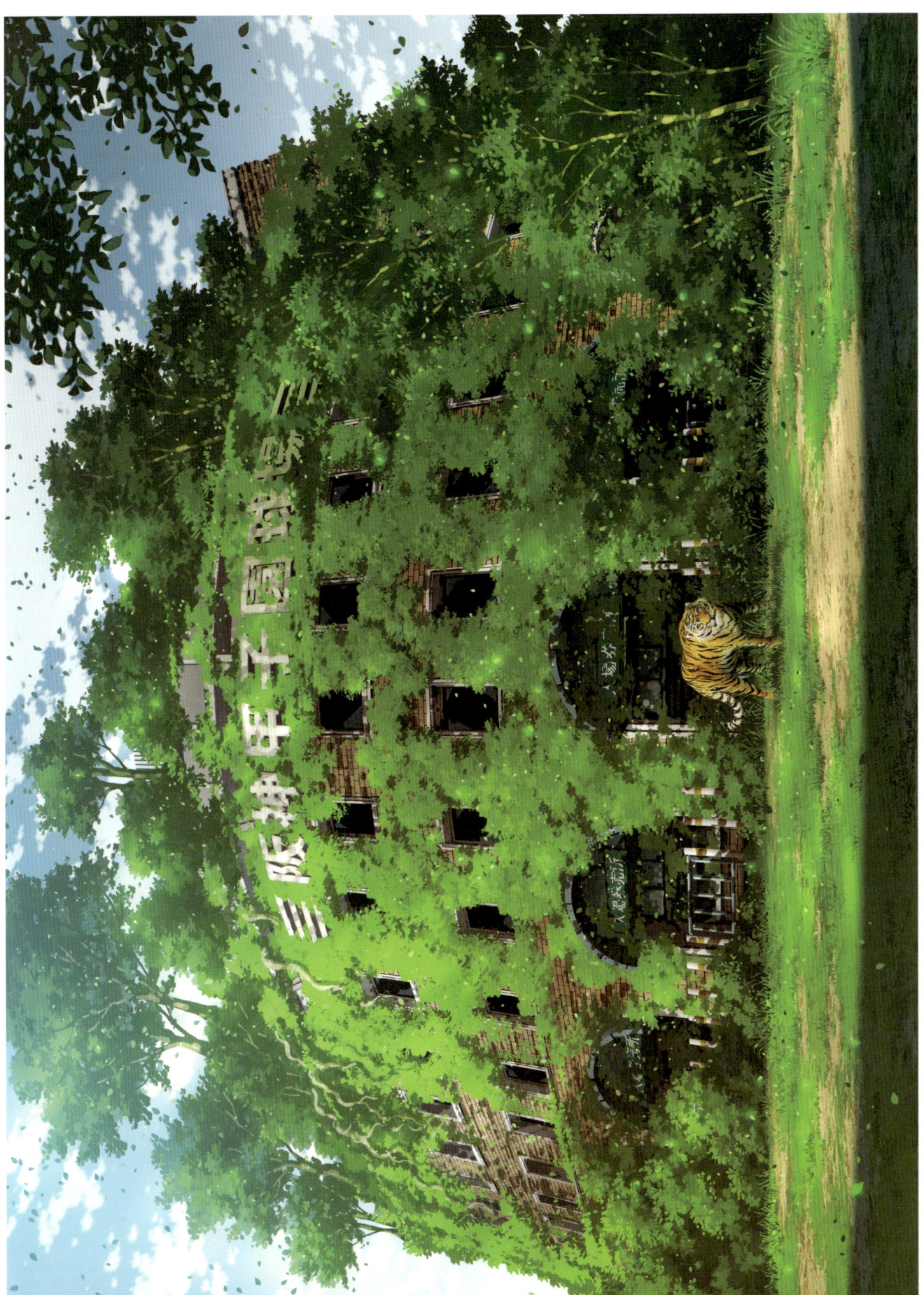

幻想スケッチ

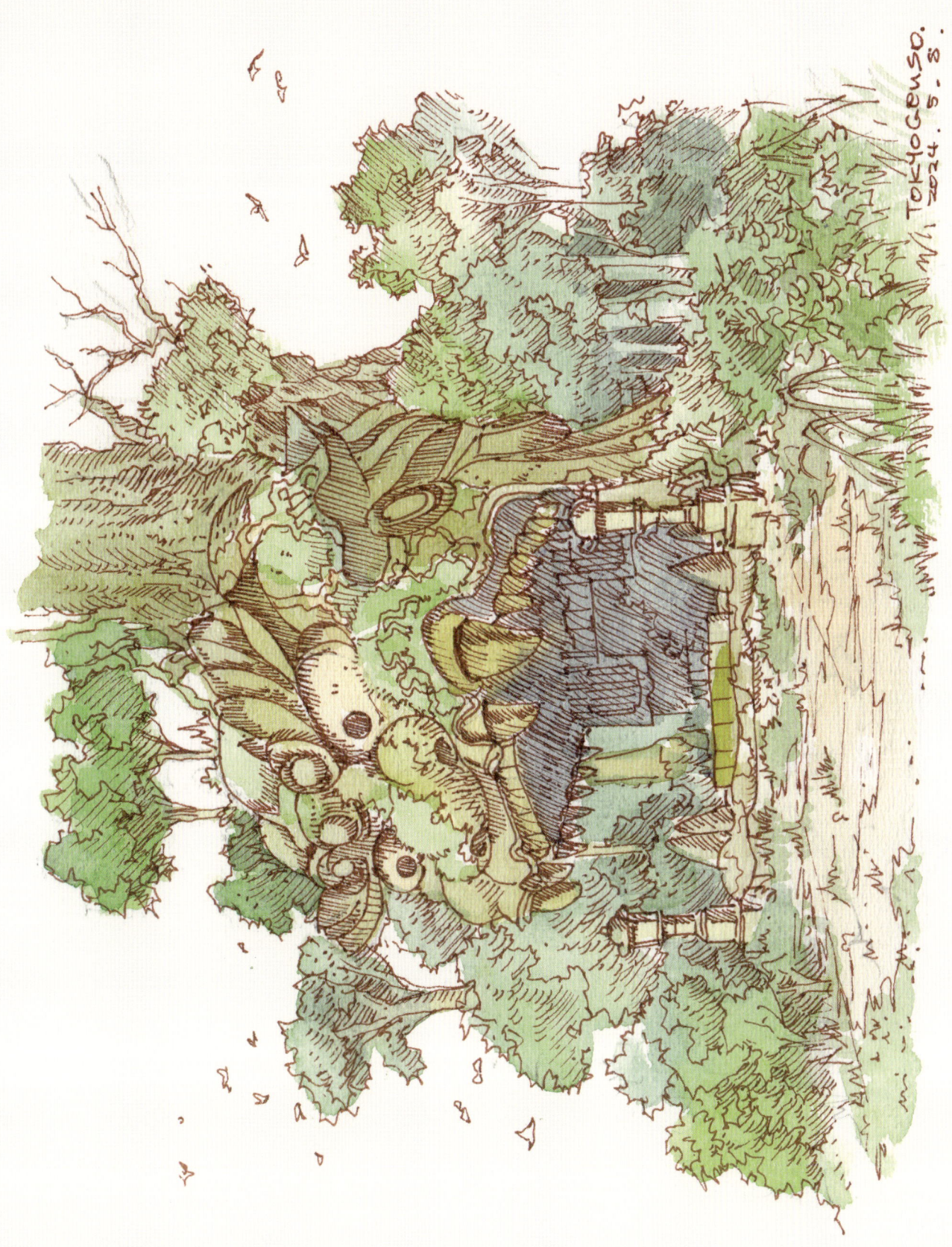

TOKYOGENSO.
2024. 5. 8.

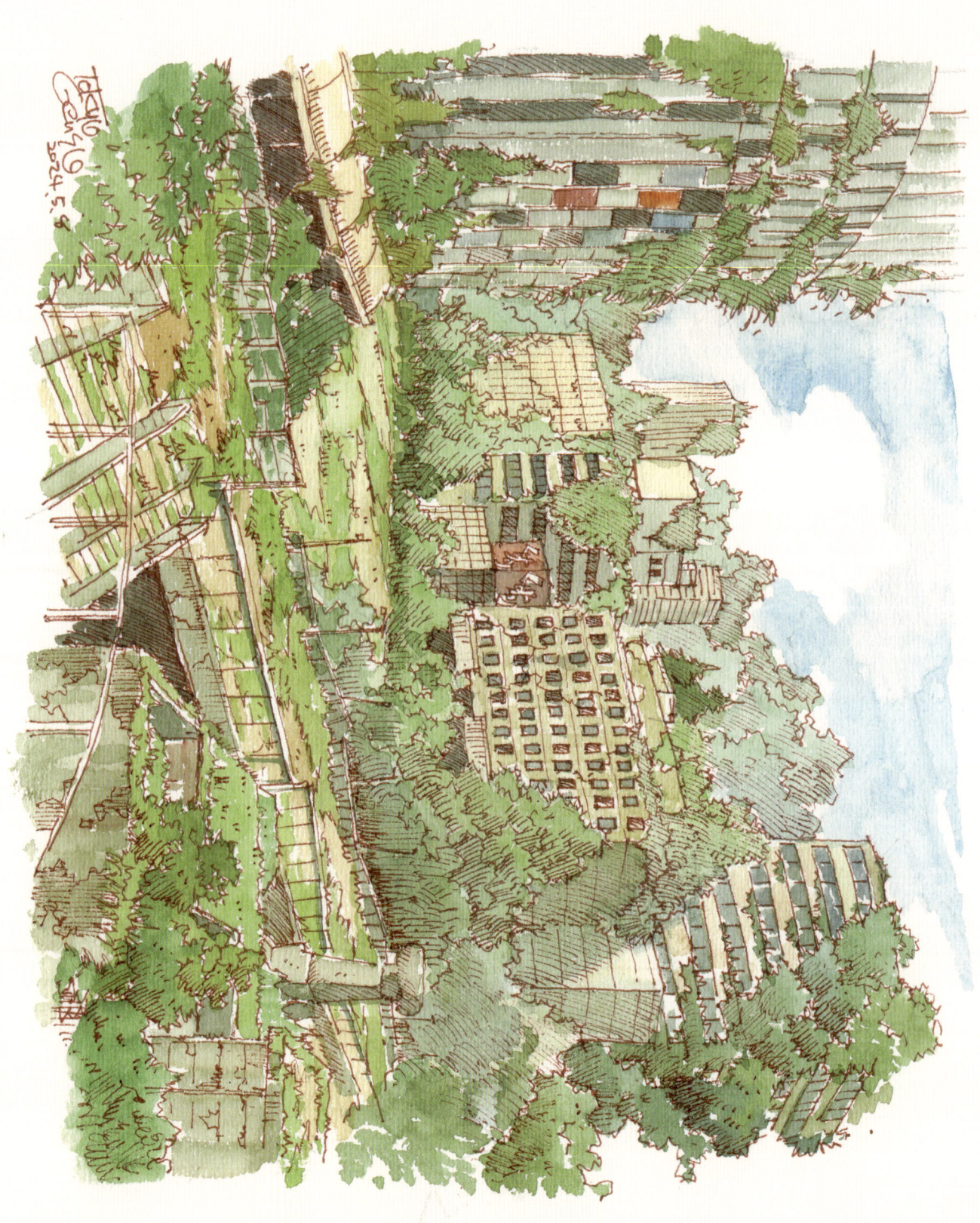

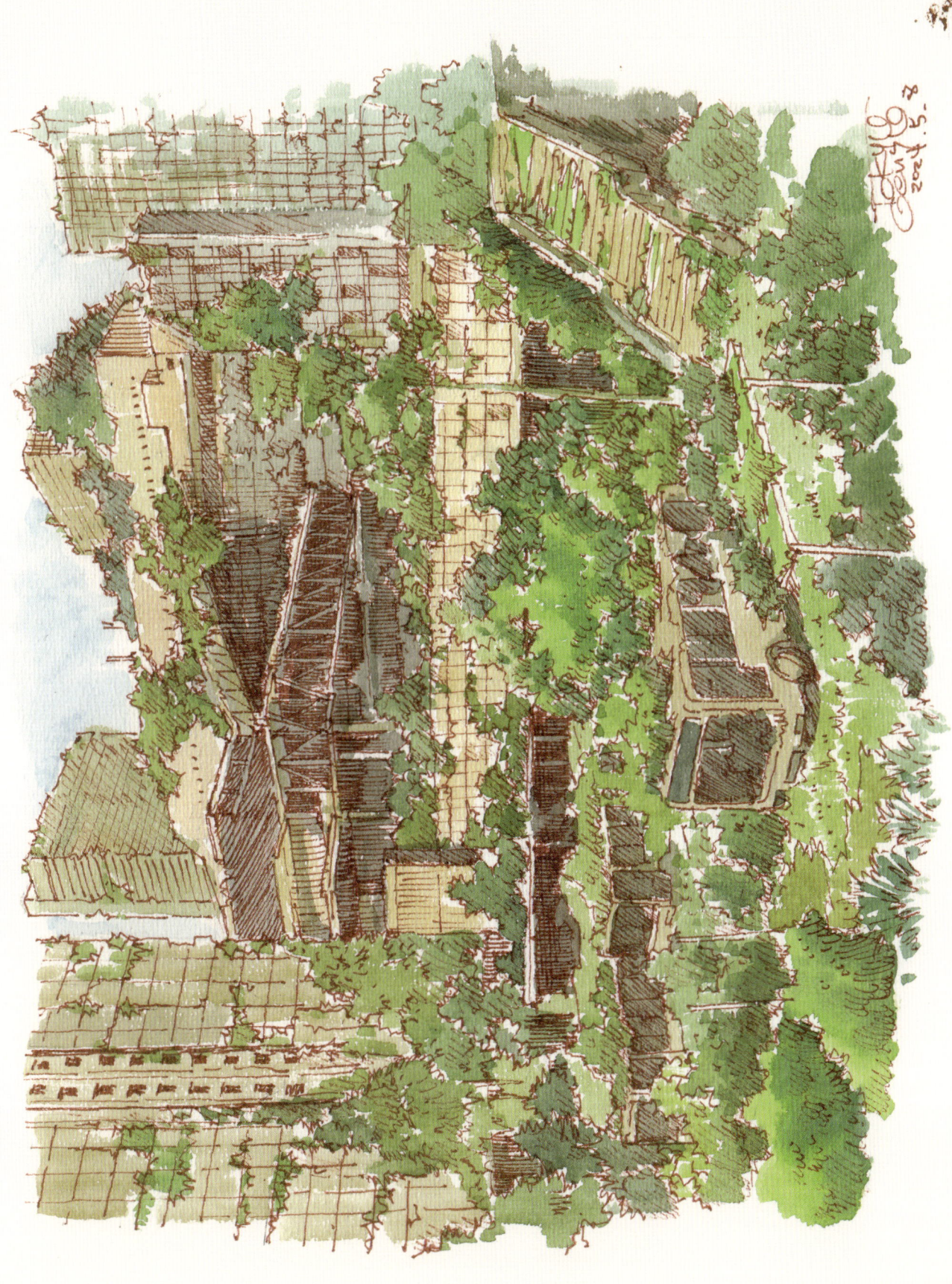

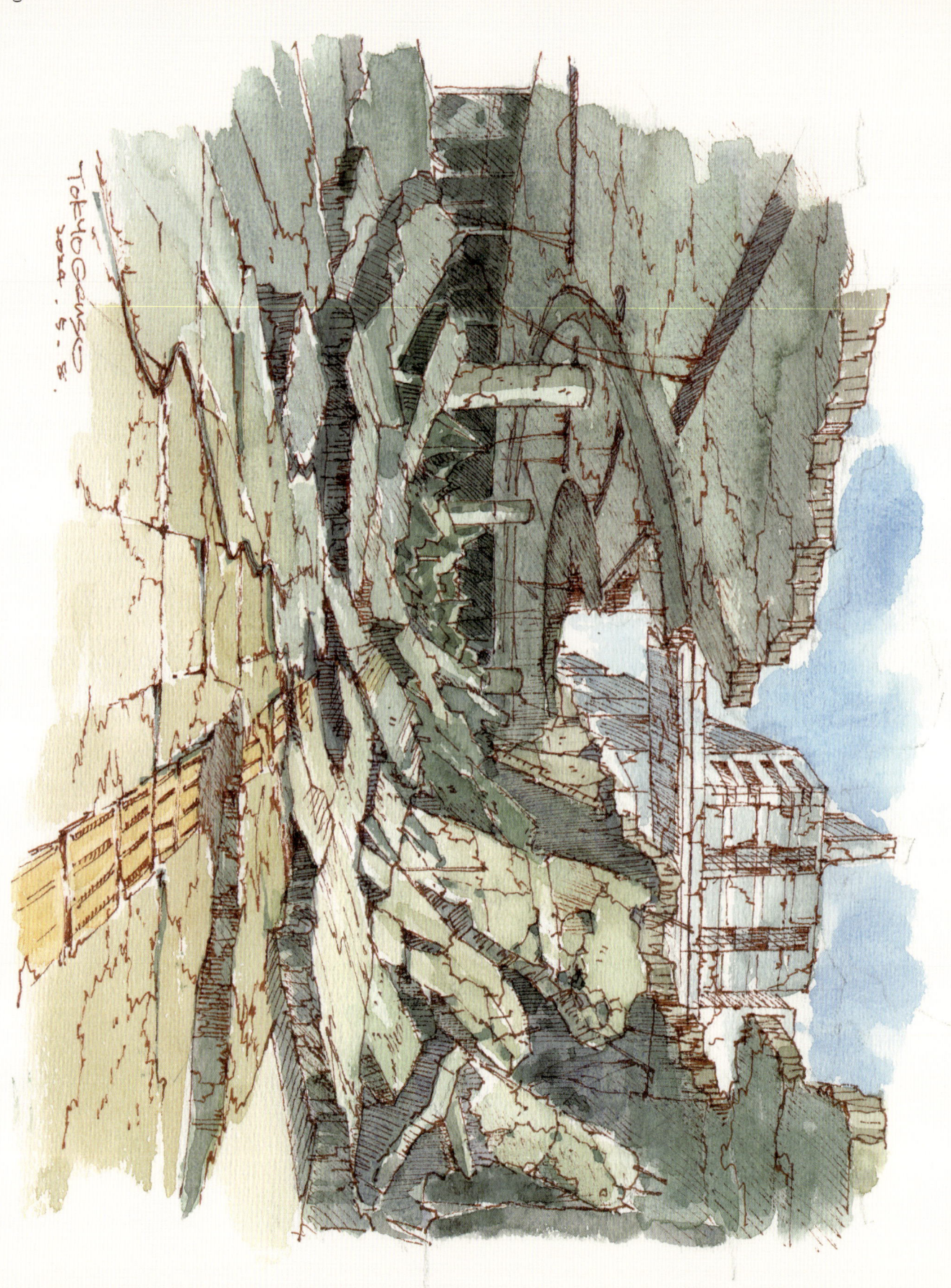

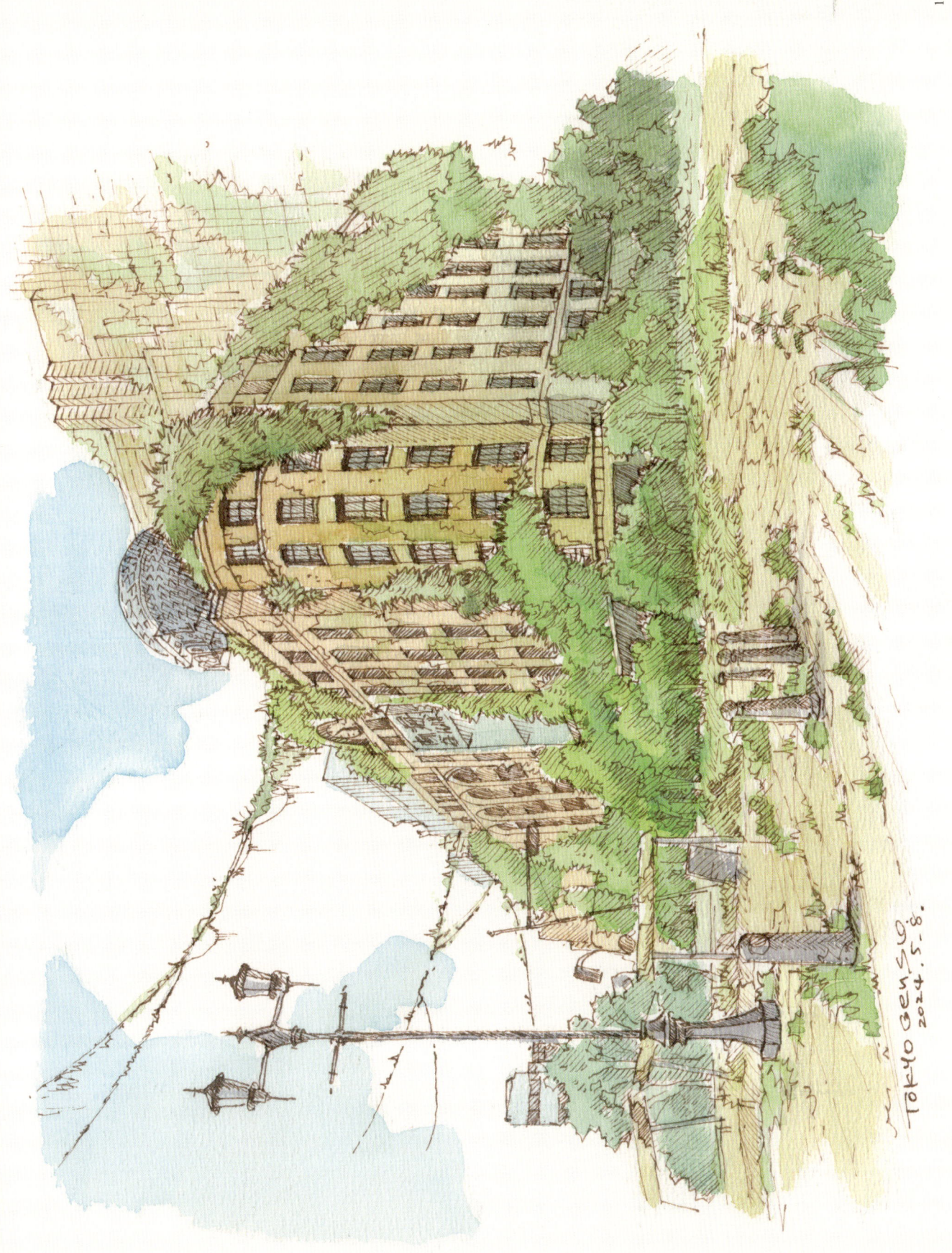

TOKYO GENSO
2024. 5-8.

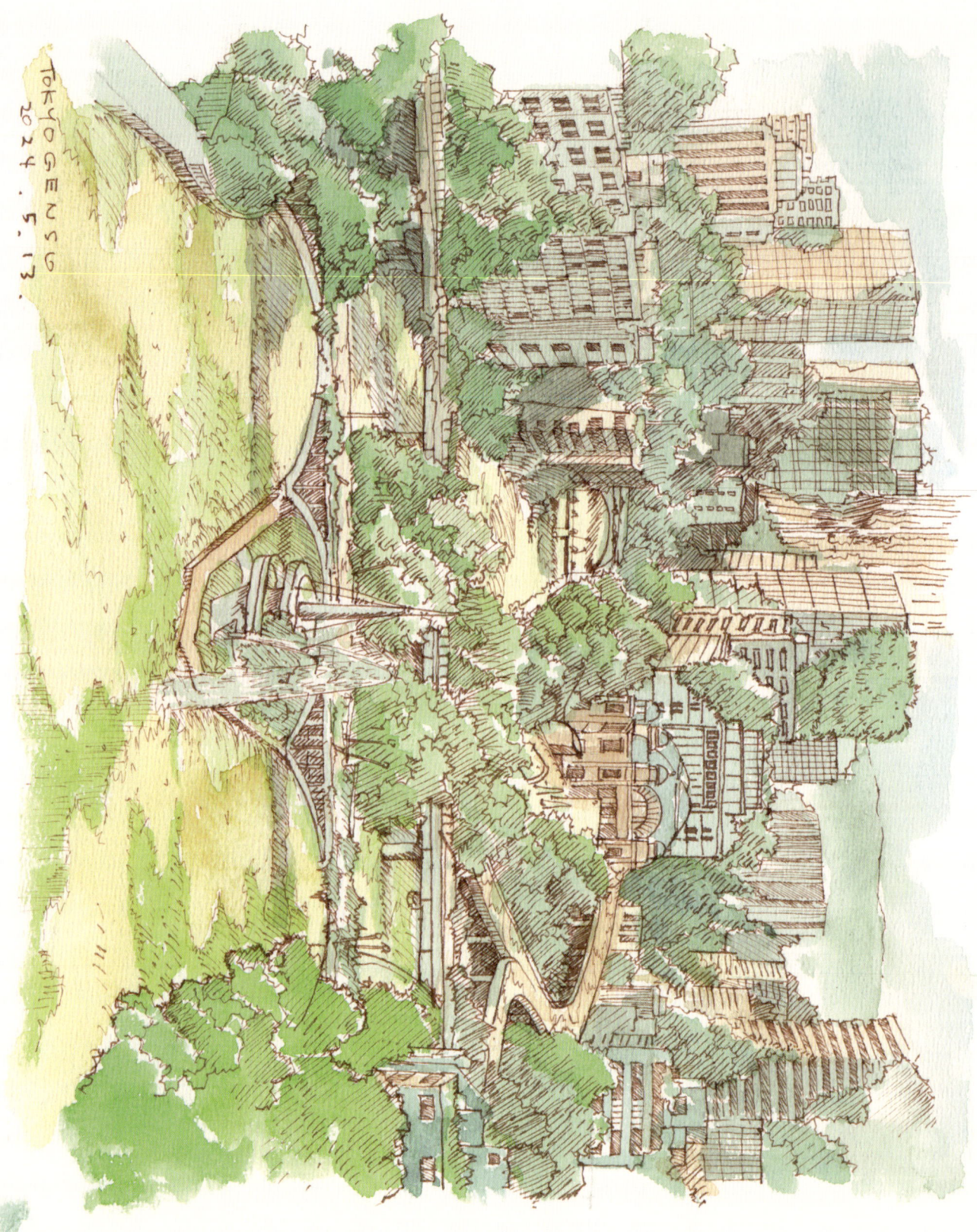

TOKYOGENSO
2024.5.13.

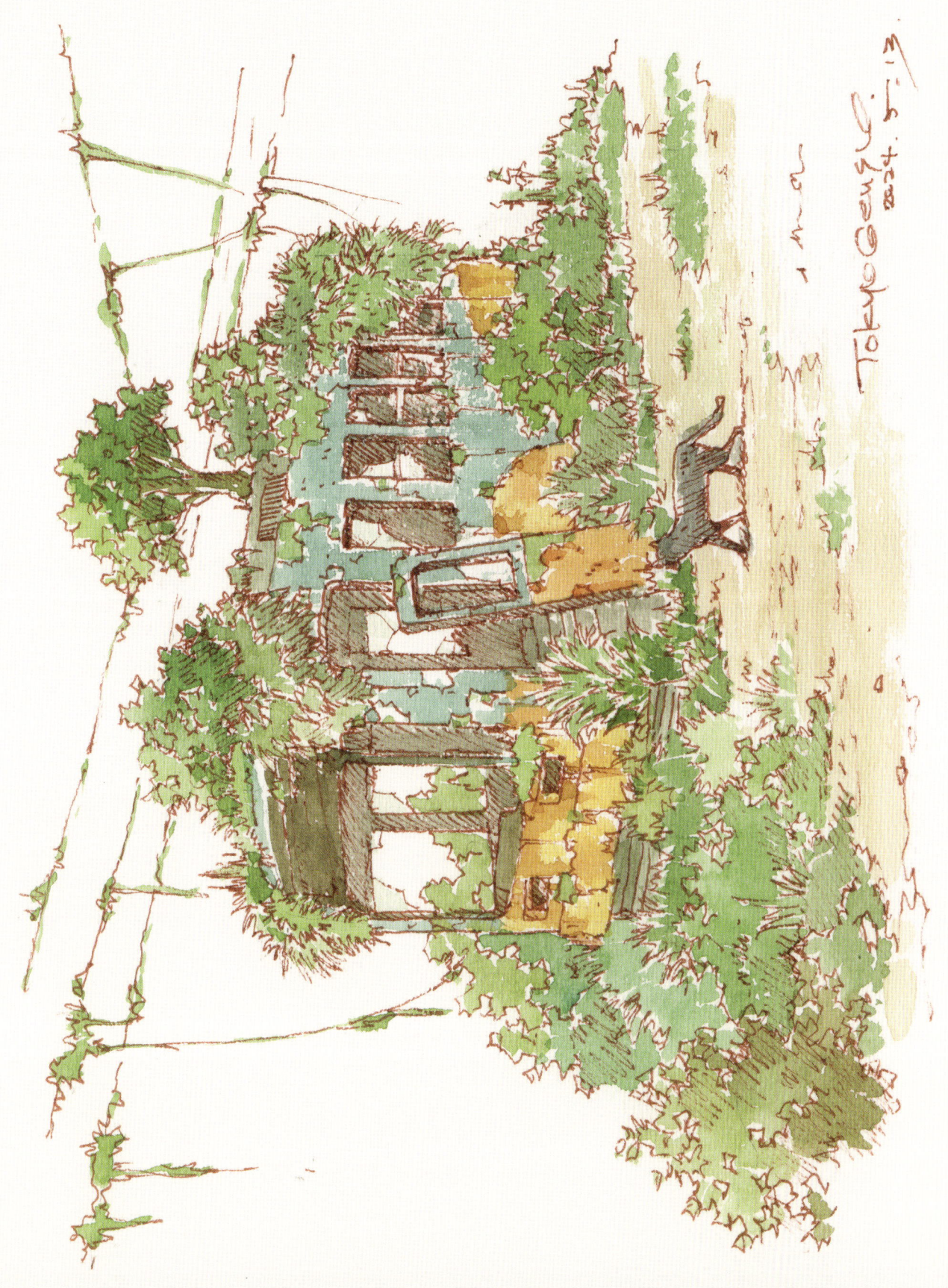

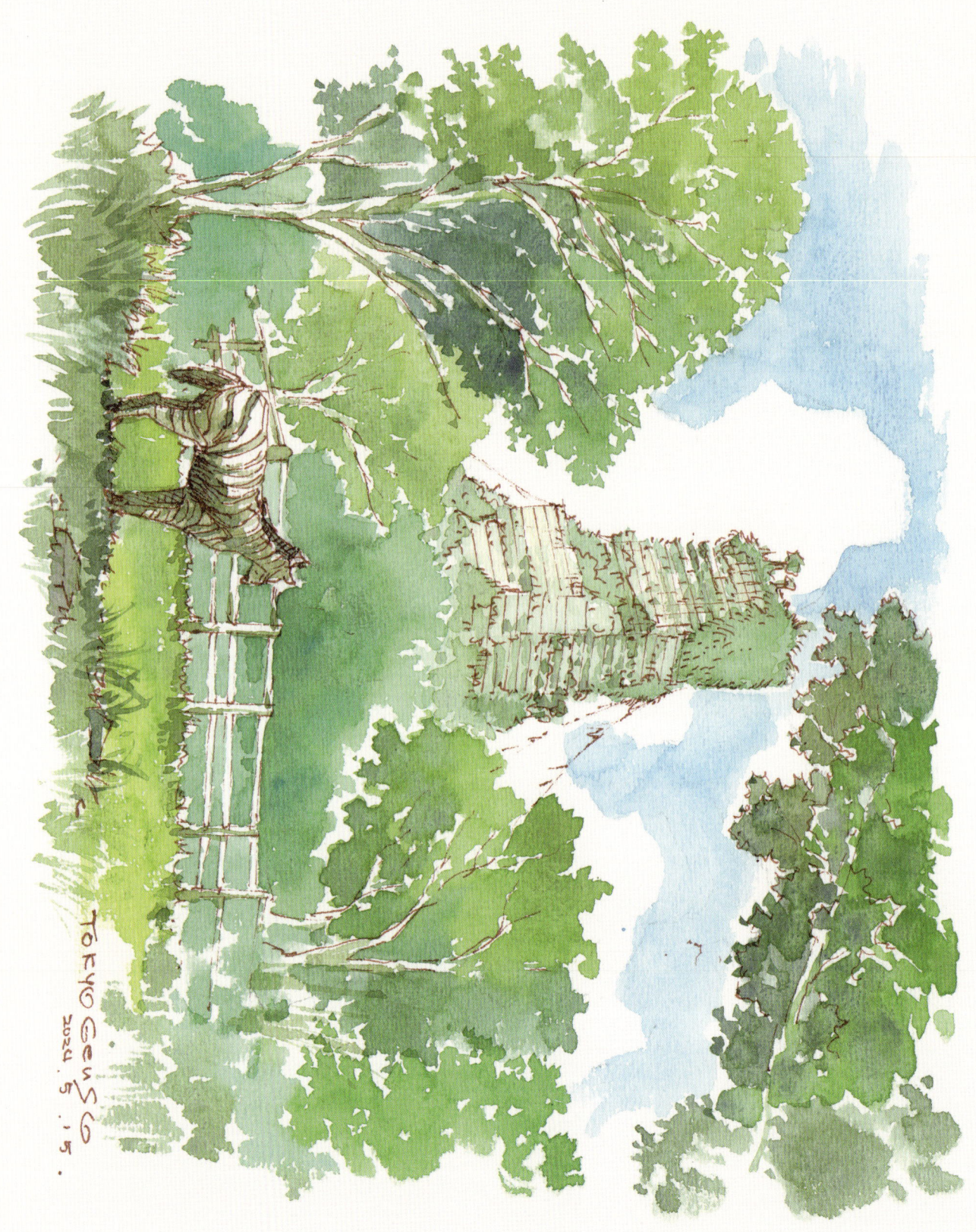

TOKYO GENSG
2024. 5. 15.

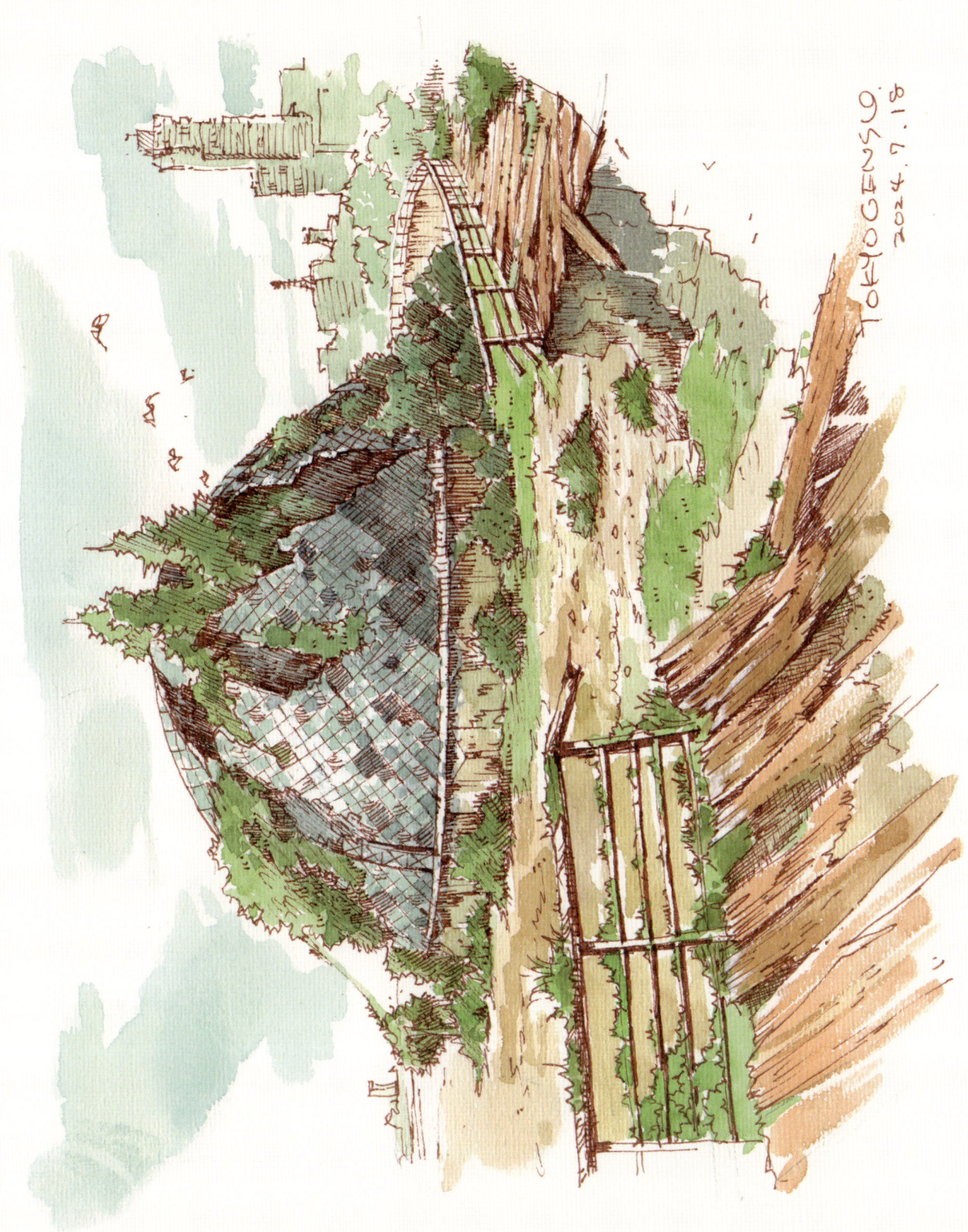

TOKYOGENSO.
2024.7.18

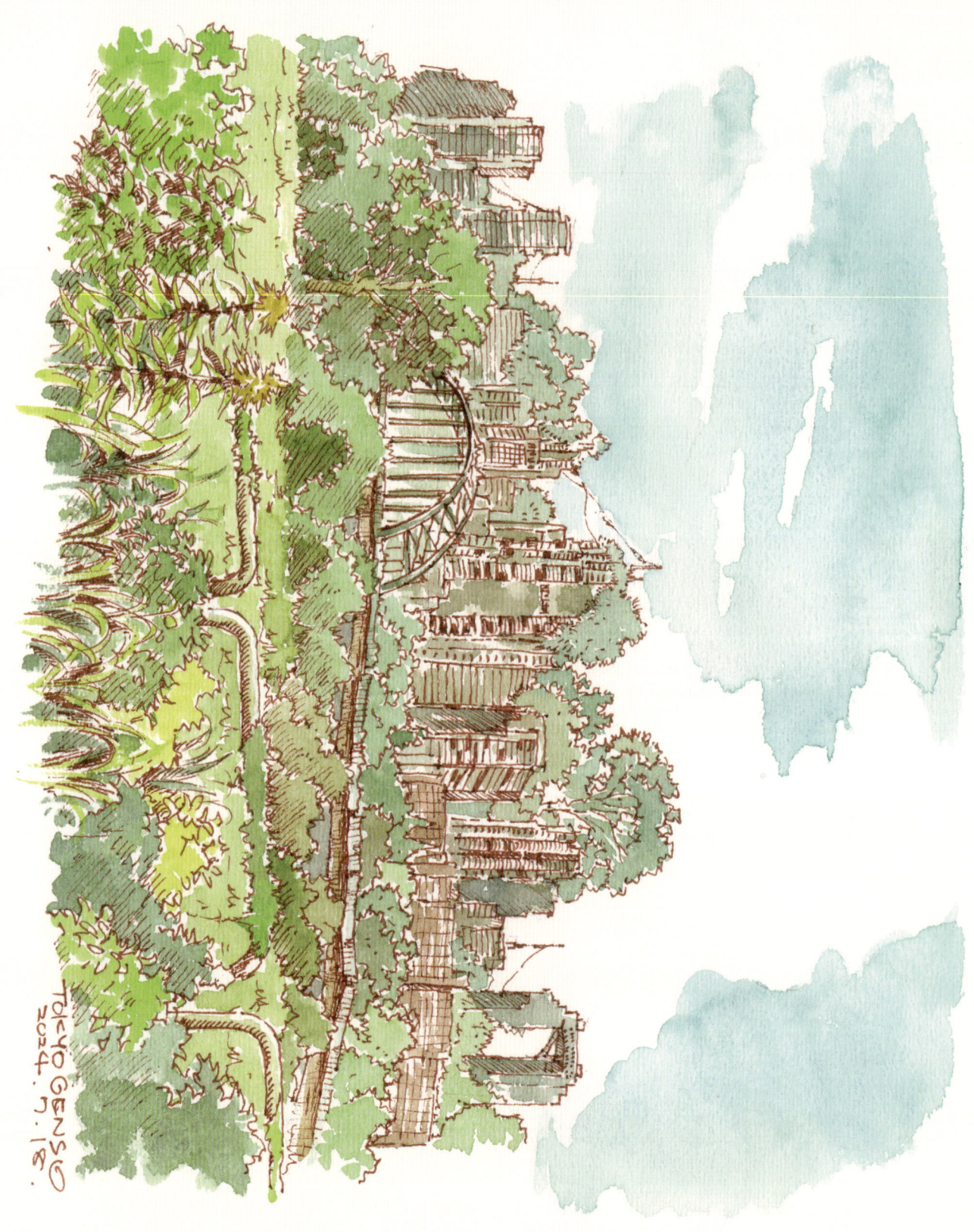

TOKYO GENSO
2024. 7. 18.

RYUKERA THE OSAKA

TOKYOGENSO
2024. 7. 18.

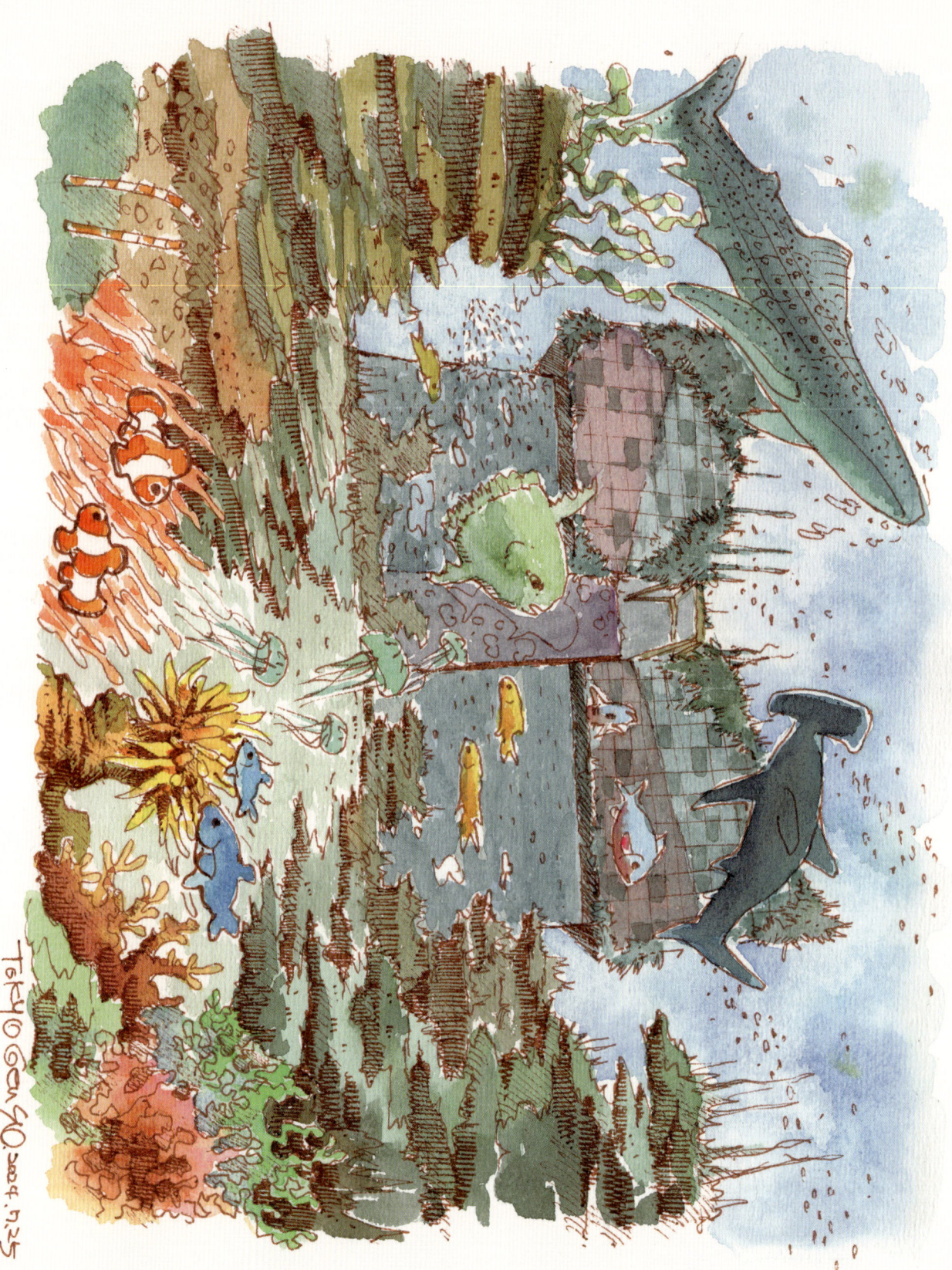

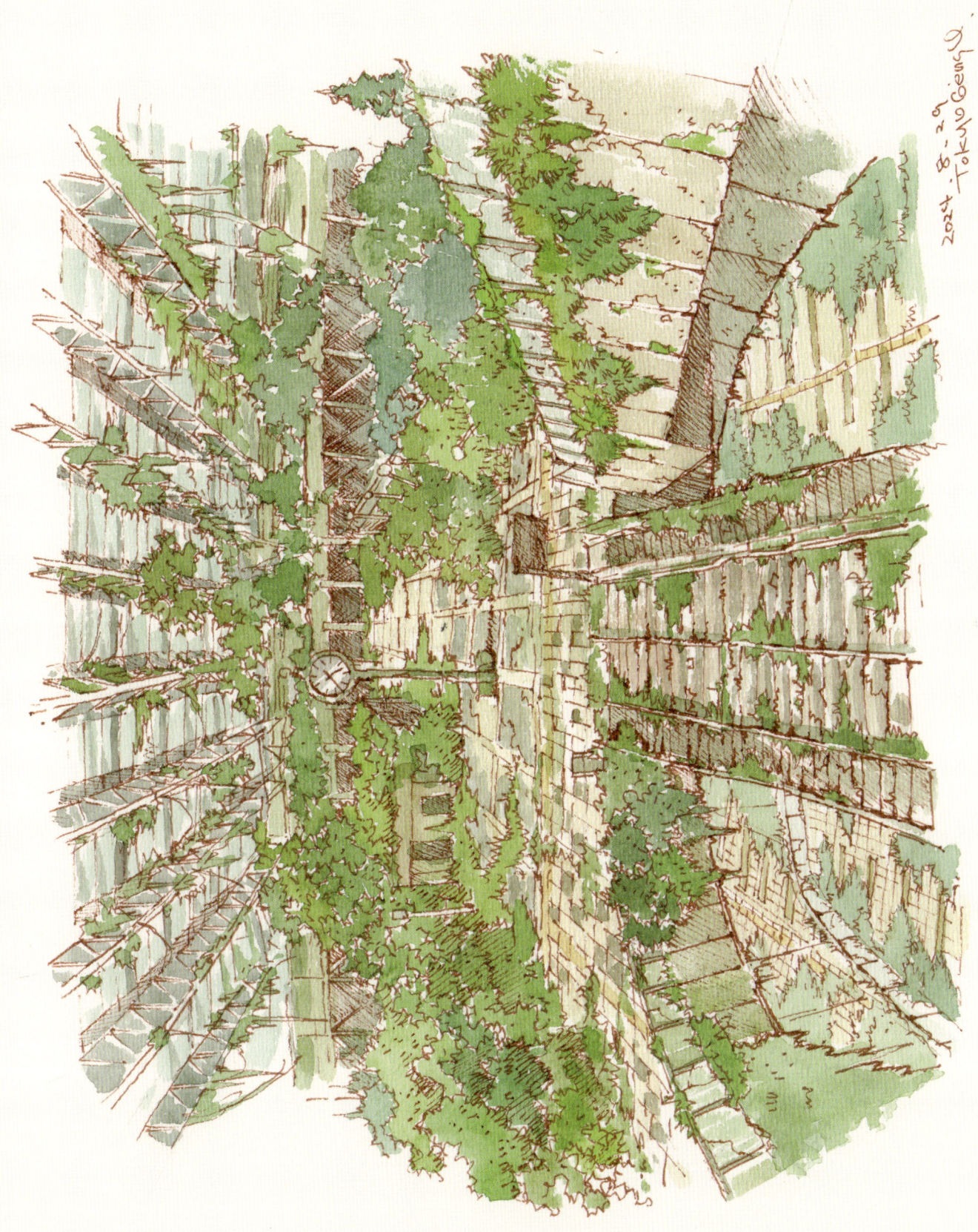

2024. 8. 29
Tokyo Bent.

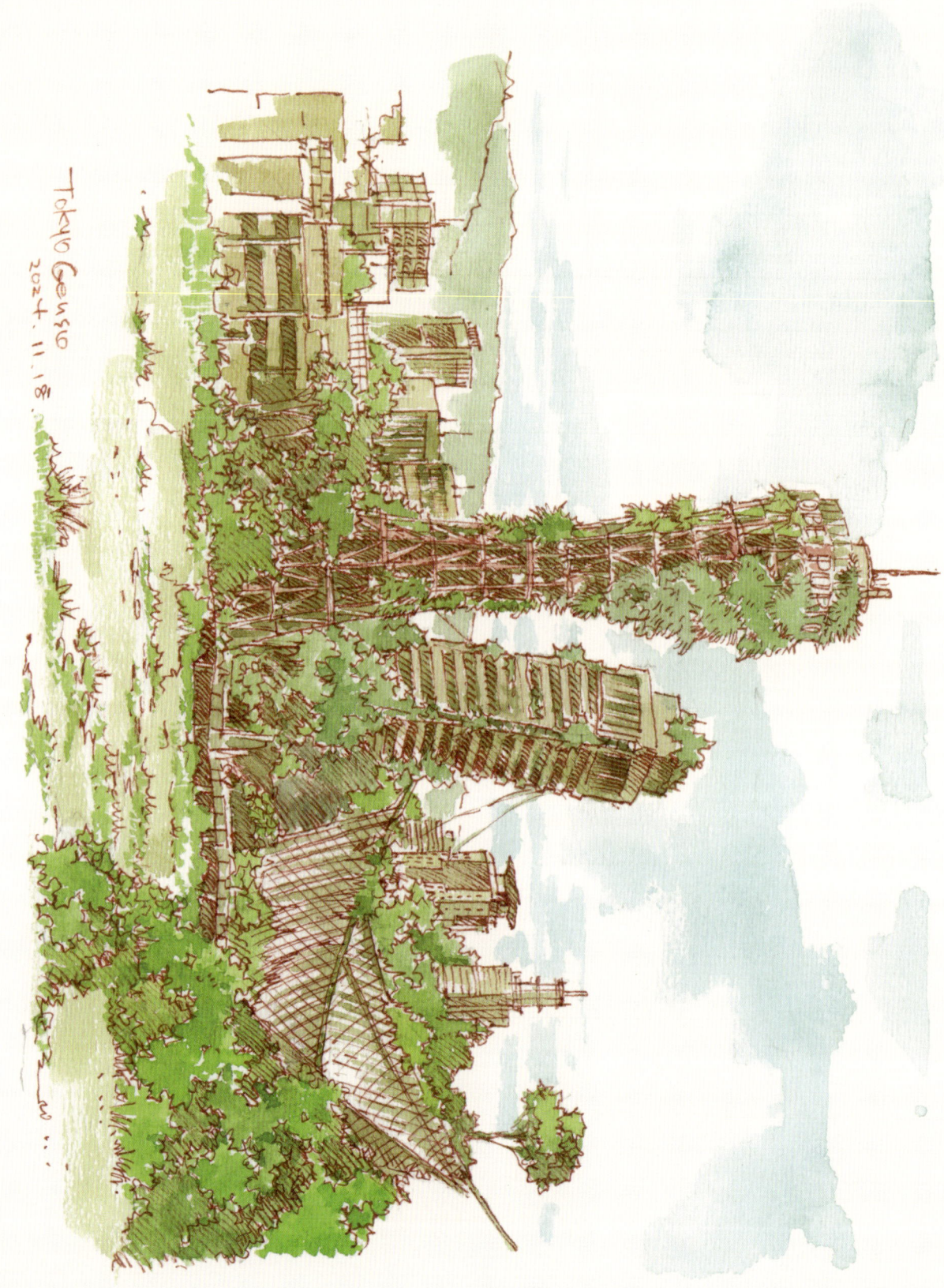

Tokyo Gensō
2024. 11. 18

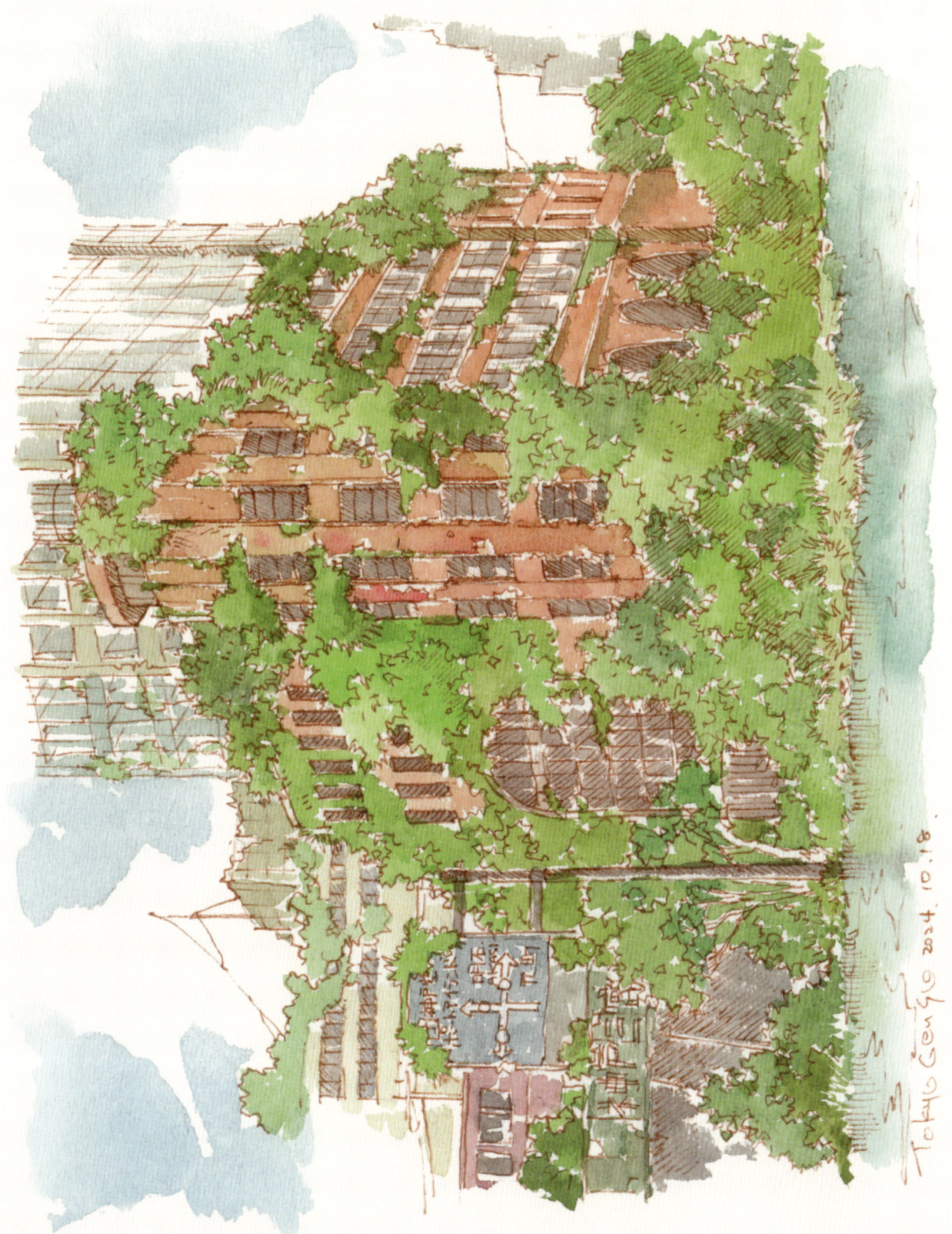

Tokyo Gengo 2024. 10. 18.

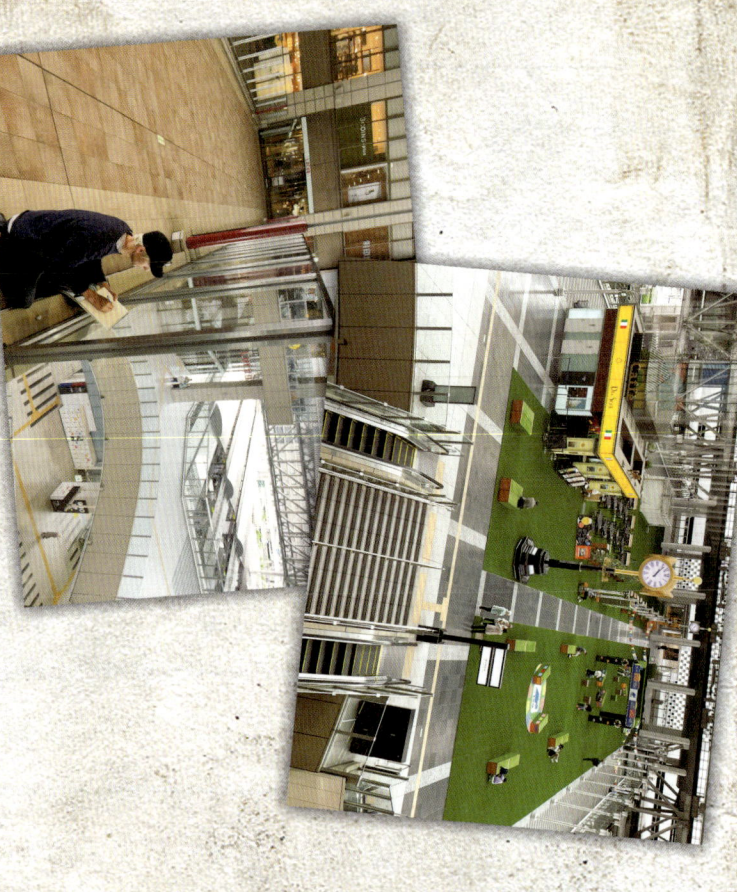

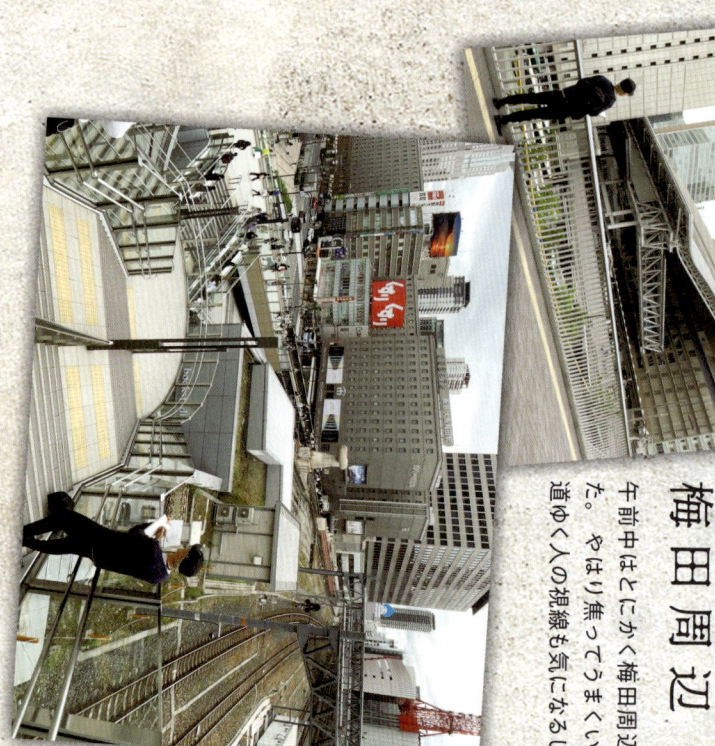

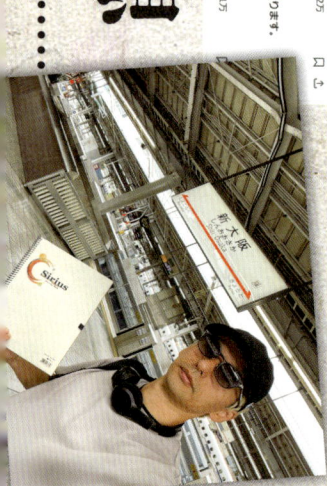

メイキング・オブ・大阪幻想

繁忙の合間を縫って東京と大阪を何度も往復。
"幻想センサー"に触れる場所を見つけてはひたすら撮影、スケッチ、妄想……。
そんな大阪取材の着関の記録を覗いてみよう！

時空の広場

最初に降り立ったのは大阪駅「時空の広場」。
噂通り一面が緑の芝生になってテンションが上がる。ただ、スタスタに慣れないことをしているので、時間配分がわからない。今日1日でどこまで行けるのか……。

梅田周辺

午前中はとにかく梅田周辺を描きまくった。やはり焦ってうまくいかない……。
道ゆく人の視線も気になるし。

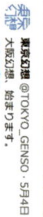

東京幻想 @TOKYO_GENSO
大阪幻想、始まります。
さらに表示
♡3 ℄30 📊8,275 🔁

東京幻想 @TOKYO_GENSO 5月4日
これからちょくちょく大阪幻想させていただこうと思っております。
大阪の皆様、是非よろしくお願いいたします。
さらに表示
♡3 ℄3 📊4,175

東京幻想 @TOKYO_GENSO 5月4日
さらに表示
♡3 ℄364 ♡163

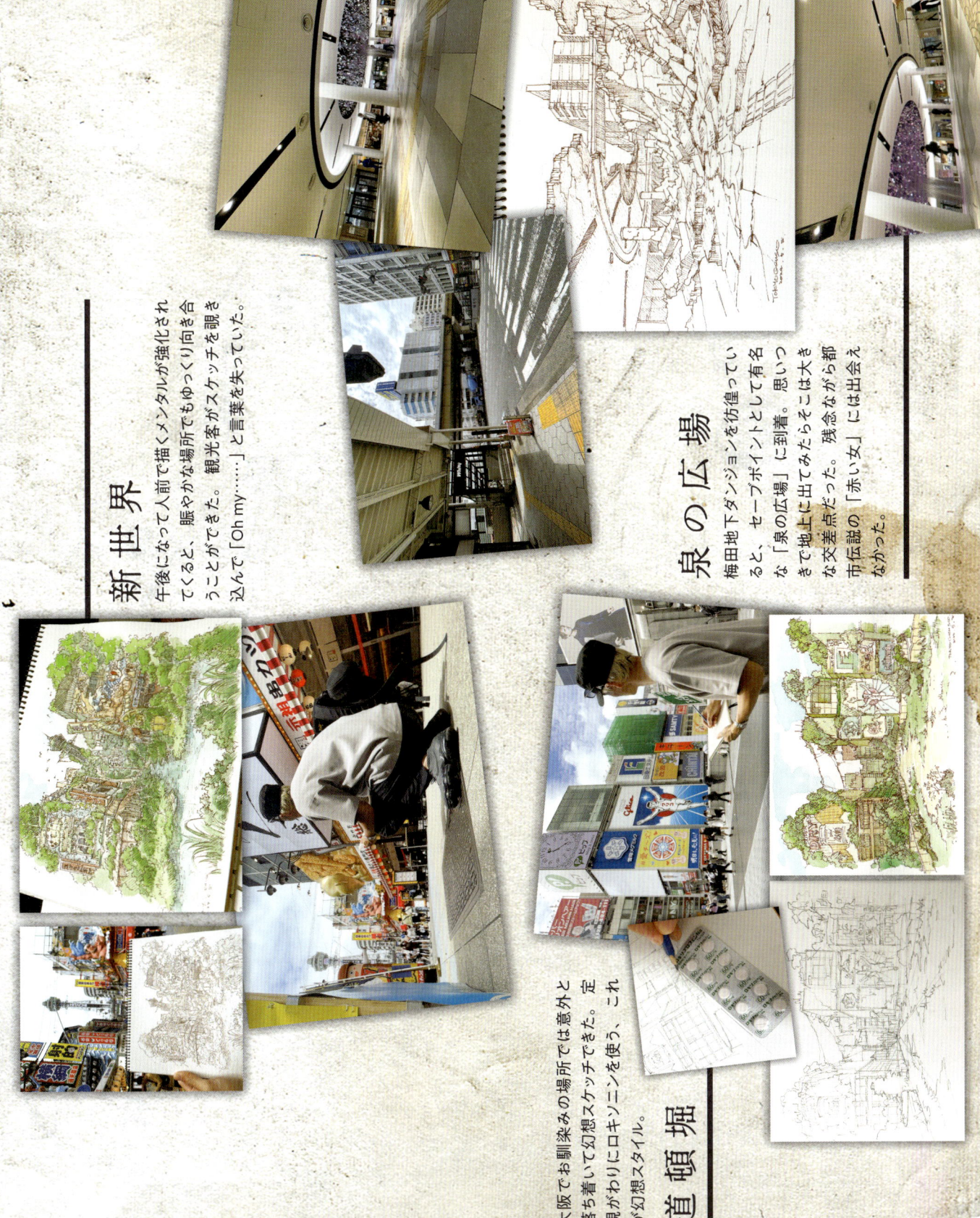

新世界

午後になって人前で描くメンタルが強化されてくると、賑やかな場所でもゆっくり向き合うことができた。観光客がスケッチを観き込んで「Oh my……」と言葉を失っていた。

泉の広場

梅田地下ダンジョンを彷徨っていると、セーブポイントとして有名な「泉の広場」に到着。思いきって地上に出てみたらそこは大きな交差点だった。残念ながら都市伝説の「赤い女」には出会えなかった。

道頓堀

大阪でお馴染みの場所では意外と落ち着いて幻想スケッチできた。定規がわりにロロキンニンを使う。これが幻想スタイル。

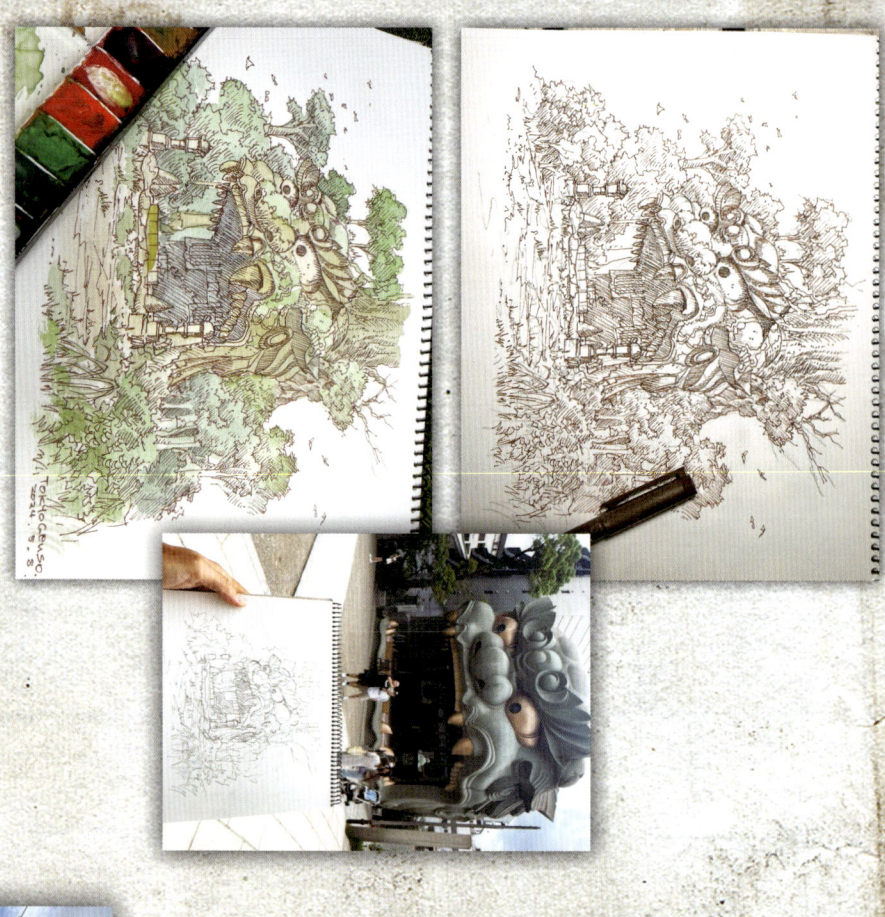

難波八阪神社

素晴らしい場所に来た。ここでも外国人観光客がたくさん集まってきて嬉しいんだけど、あまり神社に迷惑をかけたくないから早めに退散。

なんば駅

なんば駅前では人も少なく落ち着いてベンチまでできた。しかし時間がかかり過ぎる。

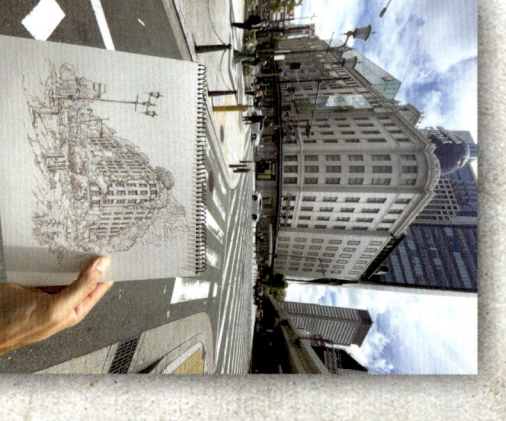

天王寺動物園

噂はかねがね聞いていたが、高層ビルと大自然のコントラストはまさく"幻想"。こうなると、もはや私の出番ではない……。

帰りの新幹線で色塗り。疲れたけど楽しかったな～、また早く行きたい。

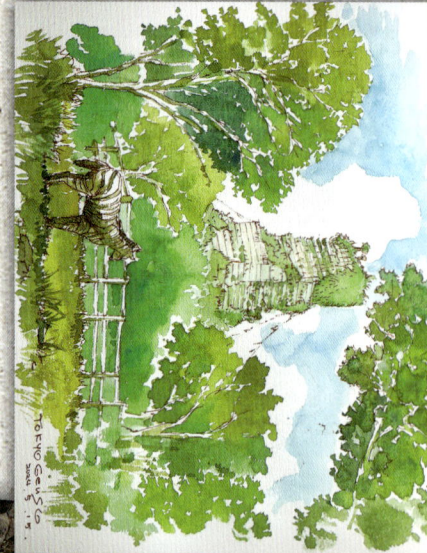

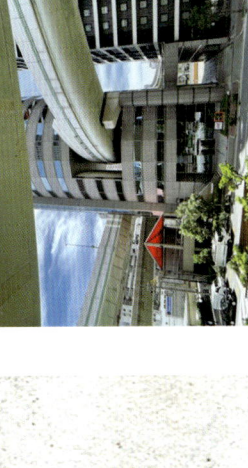

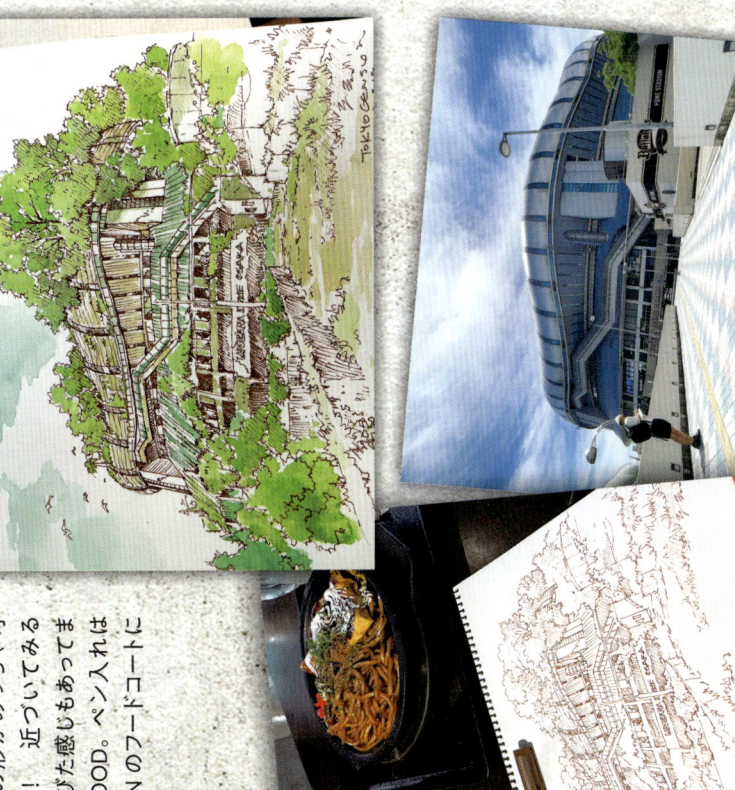

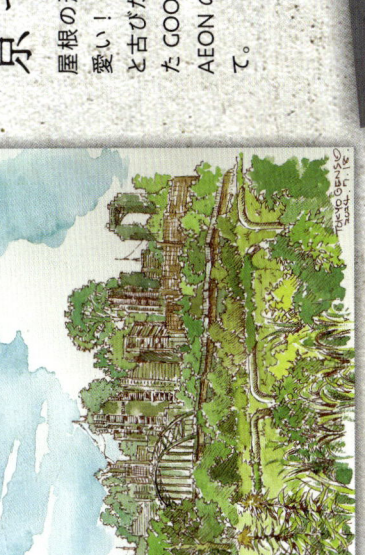

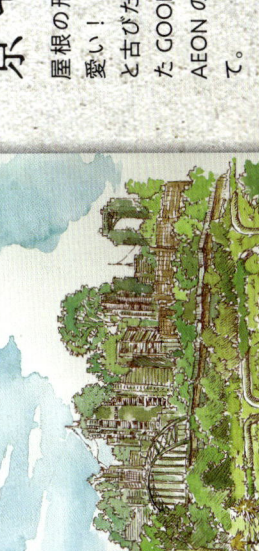

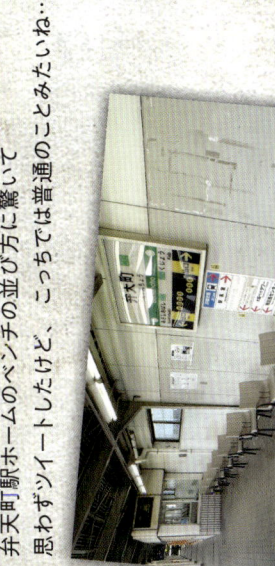

京セラドーム

屋根の形がめっちゃ可愛い！近づいてみると古びた感じもあっててGOOD。ペン入れしたのはAEONのフードコートで。

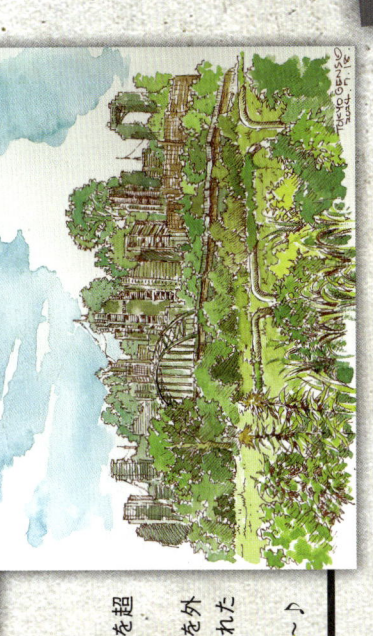

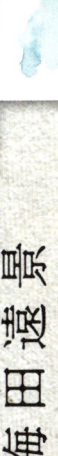

梅田遠景

暑い！
まだ午前中なのにすでに30度を超えている。
淀川河川公園より、梅田の街を外から眺めていると「大阪で生まれた女」の歌詞が浮かぶ。
♪青春のかけらを置き忘れた街〜♪

弁天町駅ホームのベンチの並び方に驚いて思わずツイートしたけど、こっちでは普通のことみたいね……。

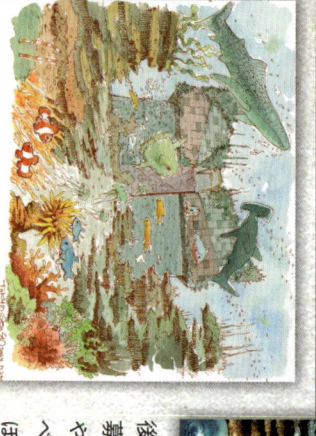

海遊館

ここは30分ダッシュで見てきた。時間がなくなってきた。

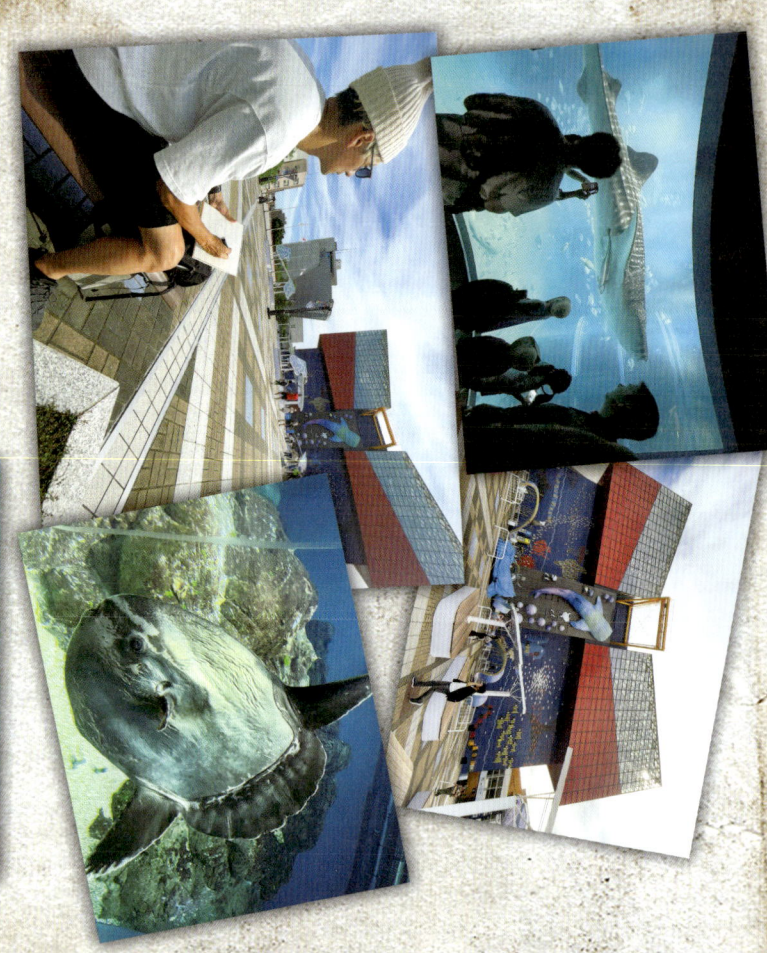

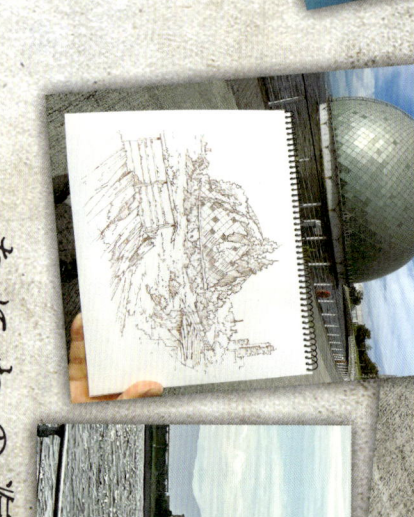

後からXでみんなのお気に入りの生き物を募集したら、たくさん出てきてびっくりした。やっぱりこういうところはゆっくり見て回るべきだったな……。そして、なんだか公式っぽい絵になった。

なにわの海の時空館

本日のゴールは廃墟マニアの聖地。帰る頃にはガラスの球体が夕陽を反射して印象的だった。遠くに建設中の万博のリングが見えた。

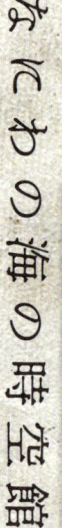
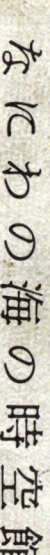

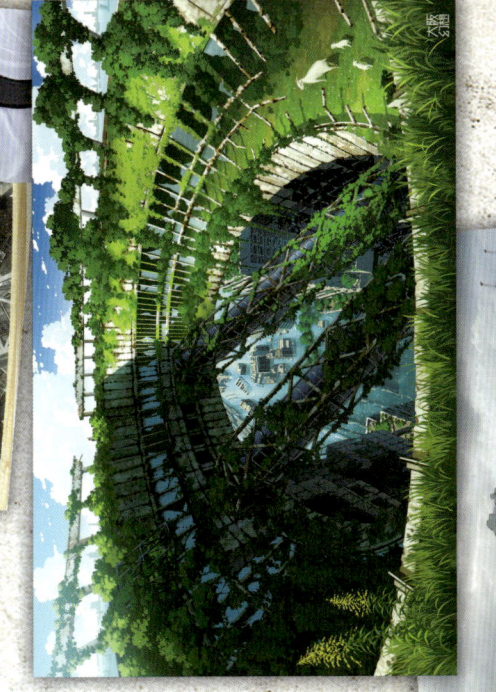

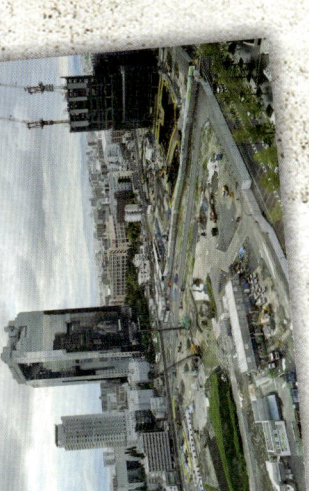

梅田スカイビル

2022年8月撮影。あの時は手前のGRAND
GREEN OSAKA もまだこんな状態だった。

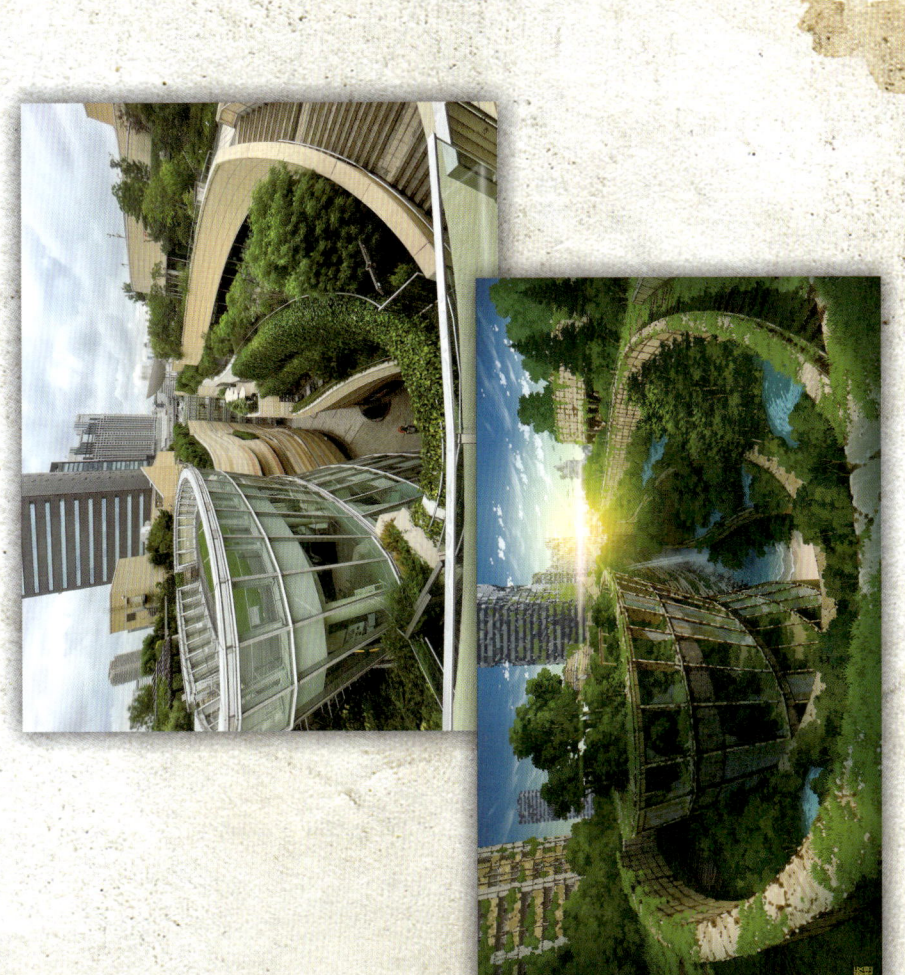

なんばパークス

最近はこういった緑と共存するようなコンセプト
のおしゃれな建物が増えて、困っているのだ。
お願いだから幻想の仕事を奪わないでくれ。

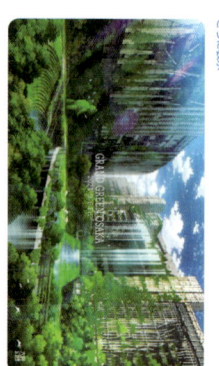

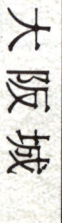

GRAND GREEN OSAKA

お待たせ〜、俺が来たからもう安心だ。

京橋コムズガーデン

もう暑すぎる……
今回はスケッチなし！
アザラシになって泳ぎたい

関西国際空港

調子に乗って遠方の関空まで足を延ばしたんだけど、ヴィジュアル的に厳しいなーと思っていたらなんと展望台に素晴らしいジオラマを発見！ドローンも飛ばせないので、絵描きには助かる。

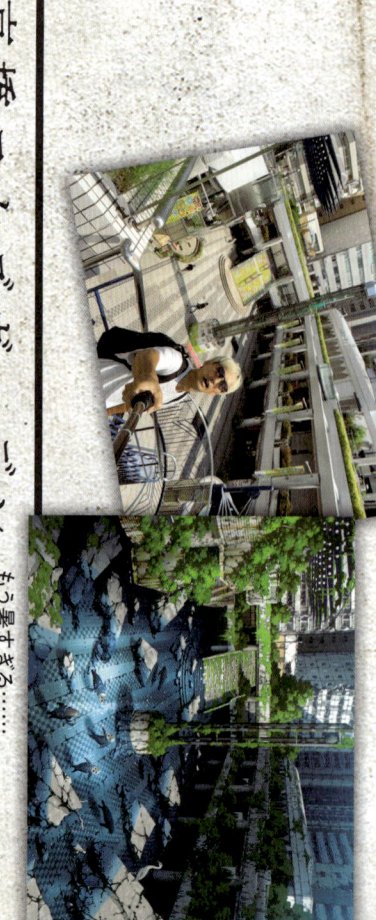

大阪城

歴史博物館から大阪城を眺めると、後ろに高層ビル群が並んでて最高！思わず声が出そうになった。

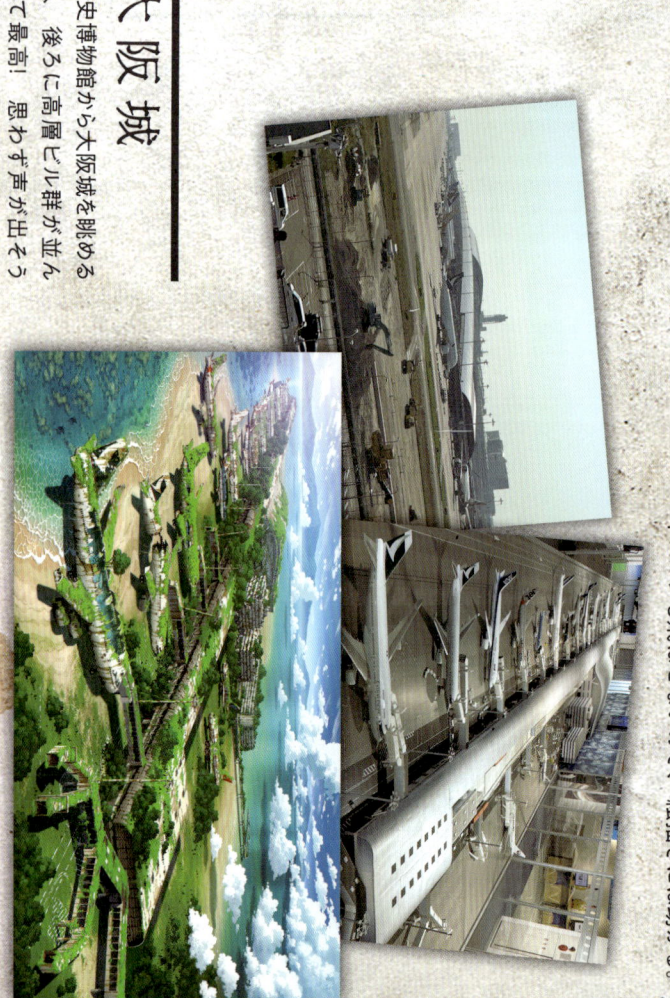

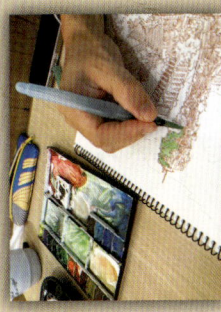

このデジタルの時代にあえて筆と画用紙を持って、知らない場所を旅するのはとても楽しかった。これからは、もっといろんな場所で幻想スケッチをしてみようと思う。

後日最後の1枚をカフェで着彩、編集者に渡して終了。

兵庫幻想

神戸ポートタワー

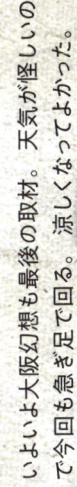

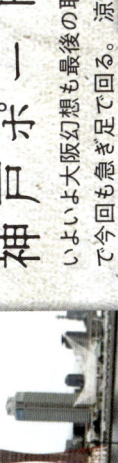

いよいよ大阪幻想も最後の取材。天気が怪しいので今回も急ぎ足で回る。涼しくなってよかった。

三宮駅周辺

甲子園球場

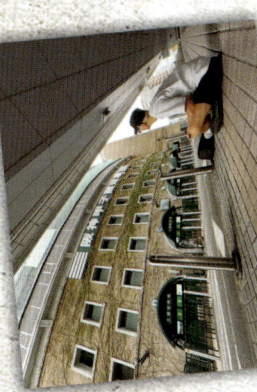

なんと、こんなに手前に高架がせり出していたなんて。現地に行ってみないとわからないことがまだまだあるものだ。

京都幻想

金閣寺

長い歴史の中で完成されたホンモノの幻想風景を拝見し、初心に戻る幻想であった……。

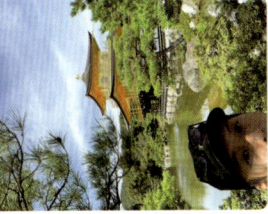

京都駅

京都タワー

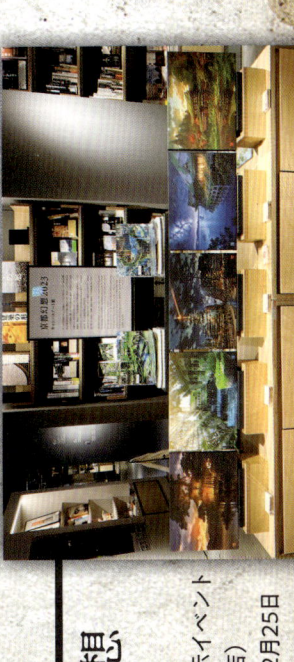

京都幻想2023

京都では初めて展示イベント開催（京都蔦屋書店）
2023年11月15日〜12月25日

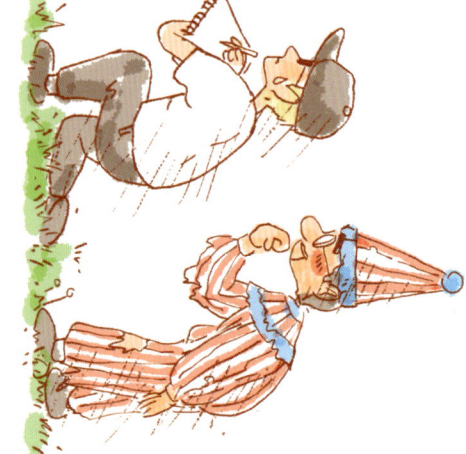

作品リスト

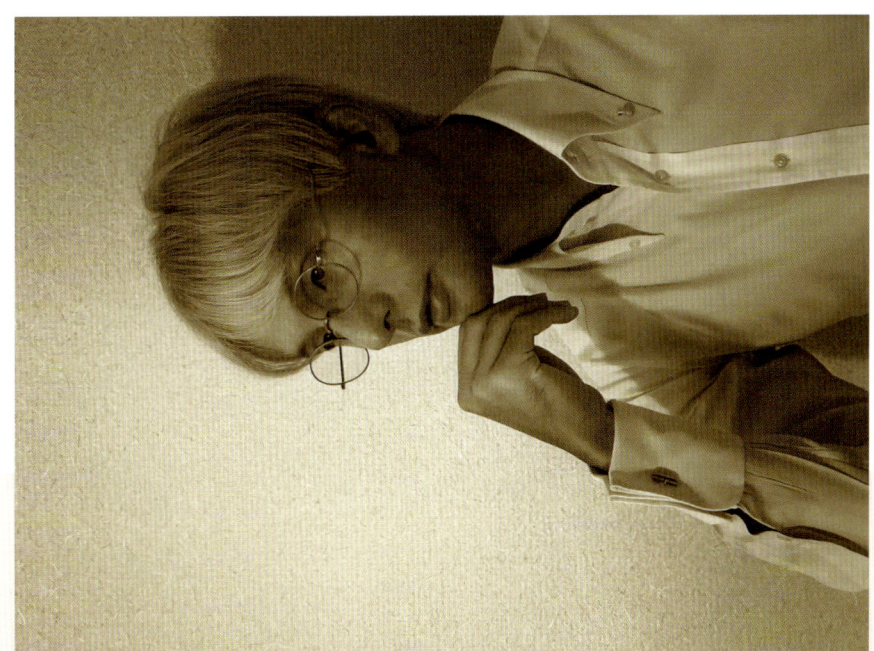

東京幻想 (とうきょう げんそう)

2008年5月	活動開始
2009年4月	月刊「リベラルタイム」表紙担当 (毎月～11年3月)
2010年6月	米映画「ザ・ウォーカー」
2011年9月	国内ポスター×メインビジュアル制作 (角川映画)
	堂参嘉邦 (CHEMISTRY)〈主演舞台
	「醒めながら見る夢」背景イラスト制作
2012年1月～	フリーペーパー「R25」誌上にて
	「辻仁成×東京幻想」コラボ不定期連載開始
2014年11月	東京幻想 ART BOOK」発売 (宝島社)
2020年1月	「東京幻想 VR」(全4タイトル) 発売 (VirtualArts)
2020年5月	「東京幻想作品集 I」(芸術新聞社) 発売
2020年11月	「東京幻想ジグソーパズル」(全11種) 発売 (エンスカイ)
2020年12月	「東京幻想2021」展開催 (有楽町マルイ：vision8)
2021年4月	「東京幻想2021-spring」展開催
	(新宿マルイアネックス：vision8)
2021年5月	「東京幻想作品展」開催
	(丸善丸の内本店ギャラリー：芸術新聞社)
2021年10月	「東京幻想2021×ゴッホ」展開催
	(上野マルイ：vision8)
2022年3月	「東京幻想2022-SAKURA」展開催 (上野マルイ：vision8)
2022年6月	Shin Arts×手塚治虫キャラクターズ
	～Acrylic arts by Illustrations～ (TWIN PLANET)
2022年7月	「東京幻想作品集 II」(芸術新聞社) 発売
2022年8月	「東京幻想2022 in 渋谷スクランブルスクエア」展
	(渋谷スクランブルスクエア：vision8)
2022年10月	「東京幻想カレンダー2023」発売 (ハコロモ)
2023年1月	RE:VISION アートプロジェクト
	(UNHCR国連難民高等弁務官：株式会社SEAMS)
2023年1月	週刊「Newsweek 日本版」表紙掲載
2023年6月	「東京幻想2023 キャンバスアート展」(銀座蔦屋書店)
2023年10月	「東京幻想2023 キャンバスアート展」(京都蔦屋書店)
2023年12月	マンガバルセロナ出展 (スペイン：Ediciones Tomodomo)
2024年3月	「東京幻想2024 spring in 渋谷MODI」展
	(渋谷MODI：vision8)

その他、国内外の雑誌、新聞、TV、ネットメディア等に出演&掲載多数。
現在は主にゲーム背景制作を中心に活動中。

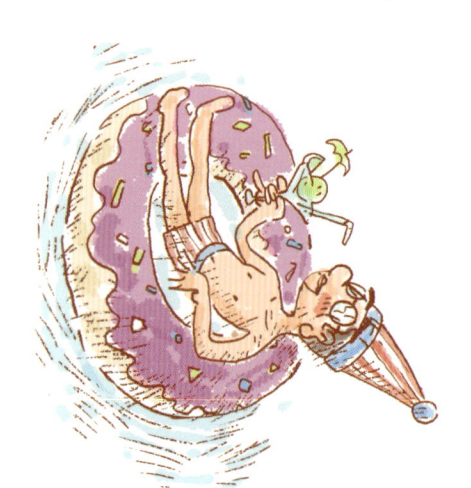

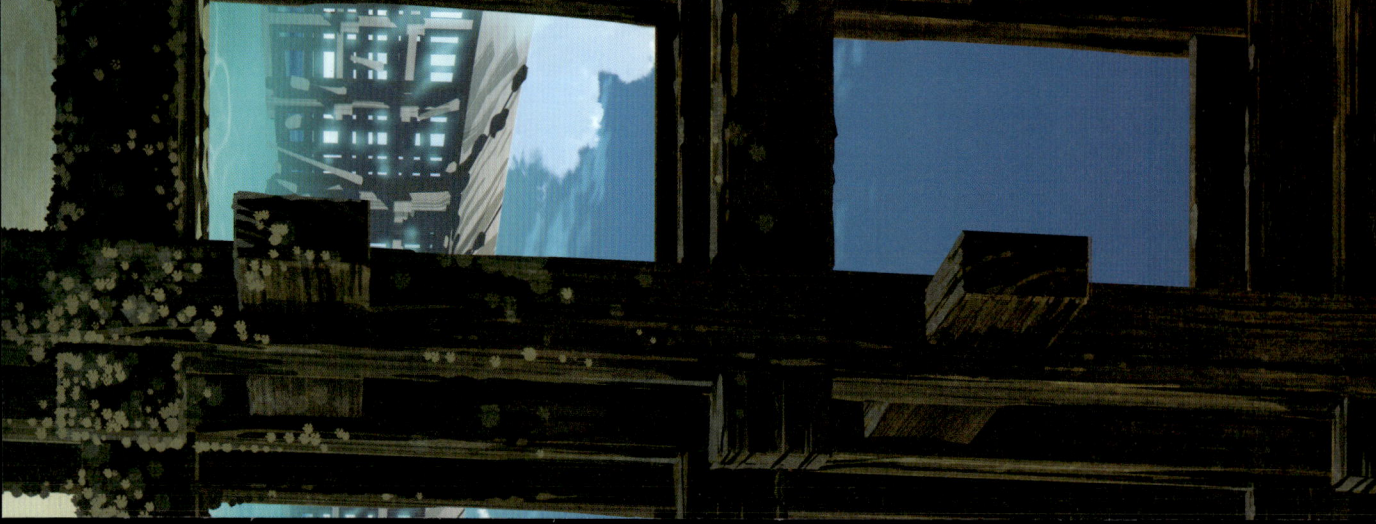

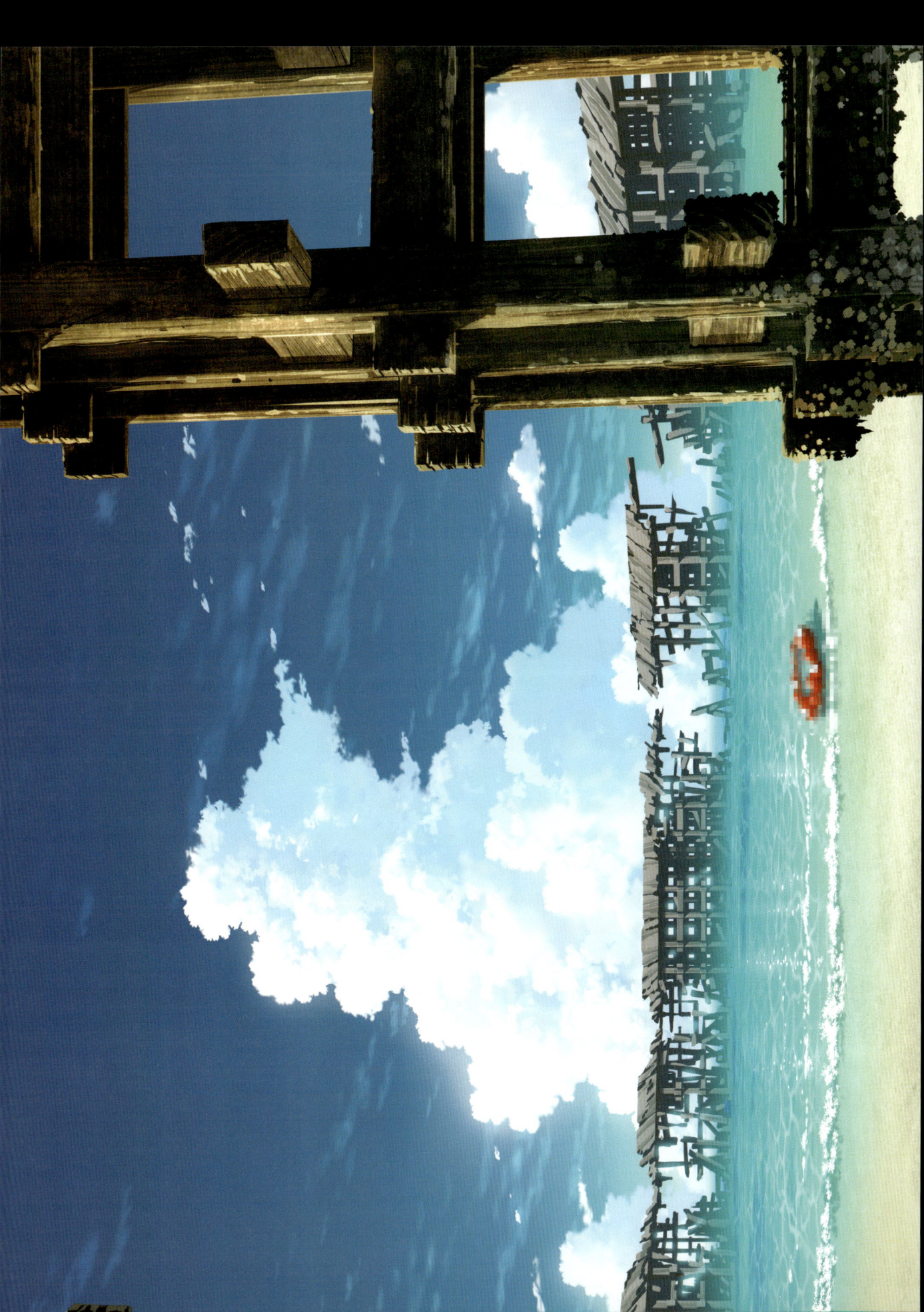

大 阪 幻 想 作 品 集

2025年1月25日　初版第1刷発行

著者 ——————— 東京幻想

発行者 —————— 相澤正夫
発行所 —————— 芸術新聞社
　　　　　　　〒101-0052
　　　　　　　東京都千代田区神田小川町2-3-12 神田小川町ビル
　　　　　　　TEL 03-5280-9081 (販売課)
　　　　　　　FAX 03-5280-9088
　　　　　　　URL http://www.gei-shin.co.jp

印刷・製本 ———— シナノ印刷
デザイン ————— 美柑和俊 (MIKAN-DESIGN)